Ingrid Malzahn
Das Wunder Ihrer Psyche

Ingrid Malzahn
Das Wunder Ihrer Psyche

Von der Schöpferkraft und der Unsterblichkeit des Geistes

Ariston Verlag · Genf

CIP-Kurztitelaufnahme der Deutschen Bibliothek

MALZAHN, INGRID:
Das Wunder Ihrer Psyche: von d. Schöpferkraft
u. d. Unsterblichkeit d. Geistes / Ingrid
Malzahn. – Erstaufl. – Genf:
Ariston Verlag, 1987.
ISBN 3-7205-1441-2

Gestaltung des Schutzumschlages:
H. + C. Waldvogel, Grafik Design, Zürich

Gesamtherstellung: Ebner Ulm
Erstauflage August 1987
Printed in Germany 1987

ISBN 3-7205-1441-2

Inhaltsverzeichnis

Vorwort

Die Idee zu diesem Buch stand mir eines Tages klar vor meinem inneren Auge. Immer wieder hatte ich feststellen müssen, daß viele unserer Freunde, die in ihrer spezifischen Berufstätigkeit sehr erfolgreich sind, nie die Zeit fanden, sich mit anderen Wissensgebieten zu befassen. Ein ähnliches Bild bietet die Gesellschaft ganz allgemein. So blieben umwälzende Entdekkungen und brillante Ideen, die wir Wissenschaftlern insbesondere der jüngeren Forschergeneration verdanken, weitgehend unbeachtet. Das Neue kam – und kommt – daher gerade bei intelligenten und aktiven Menschen nicht an, die damit am meisten anfangen könnten.

Ich verbrachte die jüngsten Jahre meines Lebens unter glücklichen Umständen, die mir viel Zeit und große Freiheiten gönnten. In einem Nacheinander, das mir rückblickend höchst sinnvoll vorkommt, widmete ich mich eingehenden Studien auf so unterschiedlichen Wissensgebieten wie der Psychologie, der Medizin, der Biologie und der Physik sowie der Religions- und Geisteswissenschaften. Dabei halfen mir zahlreiche Lehrer, denen ich zu danken habe, aber vor allem auch wichtige Bücher, denen ich entscheidende neue Einsichten verdanke. Meine Erkenntnisse gingen allerdings auch, glaube ich, mit einem intuitiven Verständnis einher, das rein intellektuelles Wissen übersteigt.

Mit diesem Buch nun versuche ich, meine Einsichten und Erkenntnisse weiterzugeben, ohne belehren und ohne zwingende Postulate aufstellen zu wollen. Es soll Interessierten helfen, Wissenswertes über die Natur des persönlichen Bewußtseins zu erfahren, und zum Nachdenken anregen. Ich habe Hunderte von Büchern gelesen, und so manche gaben mir, obwohl scheinbar zufällig ausgewählt, in sinnvoller Reihenfolge Antwort auf Fragen, die aus zuvor gelesenen Werken offengeblieben waren. Ich werde deshalb mir maßgebend erscheinende Erkenntnisse aus solchen Büchern zitieren, damit der interessierte

Leser, der aus beruflichen Gründen niemals die Zeit findet, sich mit der Fülle an Literatur aus den erwähnten Wissensgebieten auseinanderzusetzen, sich gleichsam im Zeitraffer mit dem neuen Gedankengut vertraut machen und eigene Reflexionen anstellen kann.

Sie begegnen in diesem Buch auch Erkenntnissen und Lehren, die sich naturwissenschaftlichem Anspruch auf Beweisbarkeit, Quantifizierbarkeit und Reproduzierbarkeit der Phänomene naturgemäß entziehen. Deshalb sind diese, denke ich, nicht weniger faszinierend als die von Naturwissenschaftlern beigesteuerten Erörterungen, denn gerade die innerem Erfahrungswissen entstammenden Quellen vermögen meiner Ansicht nach Lesern und Leserinnen, die bisher rein rational ausgerichtet waren, neue und provokative Anstöße und echten Wissenszugewinn zu vermitteln.

Erster Teil:
ETAPPEN PERSÖNLICHER BEWUSSTWERDUNG

1
Die Ahnung von einem Leben, das Sinn hat

Mein Leben verlief ohne spektakuläre Vorkommnisse. Ich halte es weder für ausgefallen noch für einmalig. Ein dennoch Besonderes daran ergibt sich, denke ich, aus meiner subjektiven Erkenntnis, die sich mir im Rückblick auf mein bisheriges Leben geradezu aufdrängt: Alles, was ich – im wünschenswerten Guten wie auch im Unerwünschten – bisher erfahren habe, spielte sich in einer sinnvollen Abfolge äußerer Ereignisse und innerer Erfahrungen ab. Die sogenannten »Zufälle«, die mein Leben veränderten, traten, so sehe ich es rückblickend, regelmäßig immer gerade im richtigen Augenblick ein. Obschon das nicht immer sofort erkennbar war, lenkten sie mich in eine neue Richtung; sie förderten mein inneres Wachstum und die Entfaltung meiner geistig-seelischen Kräfte.

Als ich mit der Lehre des Schweizer Psychologen und Psychiaters Carl Gustav Jung von der »Synchronizität« der Ereignisse, also von der »Gleichzeitigkeit akausaler, jedoch durch einen gemeinsamen Sinn verbundener Vorgänge«, bekannt wurde, kam mir das wie eine einleuchtende Erklärung dessen vor, was ich am eigenen Schicksal erfahren zu haben glaube.

Damit aber warfen sich für mich viele Fragen auf: Zieht sich durch jedes Menschenleben ein solcher roter Faden merkwürdiger Zufälle oder – wohl eher – Koinzidenzen? Oder passiert nur mir dergleichen? Oder greifen etwa die Glieder allen Geschehens erst dann ineinander und bilden eine Kette, wenn man blind egotistischen Zielen nachjagt und damit das »Schicksal« in einzelne Stücke zerreißt, die sonst ein sinnvoll gewebtes Geflecht ergeben hätten?

Gibt es einen Sinn des Lebens in Form etwa einer unserer Psyche inhärenten Matrix, einer Art Blaupause unseres Lebensplans? Tasten wir Menschen in einem Koordinatensystem auf einer unsichtbaren Ebene unserer Lebenswirklichkeit-Punkten entlang, die uns sanft und schrittweise Erfahrungen zuführen, die für unsere Entwicklung notwendig sind, die die »Not wenden«? Gibt es eine Lebensenergie, die uns unmerklich, je nachdem sanft oder unsanft, zu gewissen Bestimmungsstationen unseres Lebens führt, damit wir vorgegebene Lernziele erreichen – wie ein Student von Semester zu Semester bestimmte vorgegebene Prüfungen ablegen muß, um seine Qualifikation zu erlangen? Ist der Planet Erde etwa eine Schulungsheimstatt für wachsendes Bewußtsein? Und sind vielleicht die sogenannten »Schicksalsschläge« nur Anstöße einer evolutionären Kraft, sich den Aufgaben zu stellen nach dem Motto »Wer nicht an sich selbst arbeitet, an dem wird gearbeitet«? Gibt es vielleicht so etwas wie eine präkodierte Struktur im Tiefengrund unseres Geistig-Seelischen, die uns als Lebensmuster dient? Und mehr noch: Ist ein solches Lebensmuster – wenn es dieses gibt – uns vorgegeben oder etwa von uns frei gewählt? Fragen, Fragen...

Schon bald allerdings fiel mir an meinem Leben eine unübersehbare Folgerichtigkeit auf: Was immer ich zutiefst gewünscht und bildhaft erträumt hatte, ging – oft wider jede rationale Wahrscheinlichkeit oder trotz widrigster Umstände – früher oder später in Erfüllung. Demgegenüber verwirklichten sich meine Wünsche regelmäßig nicht, oder es traten Umwege ein, wenn ich innere Zweifel an der Sinnhaftigkeit des angestrebten Ziels oder an der Möglichkeit der Verwirklichung eines Wunsches aufkommen ließ. Immer dann kam es zu Rückschlägen. So scheint denn auch mein Leben von »Zufällen«, die es drastisch änderten, und von sogenannten »Schicksalsschlägen« gezeichnet zu sein. Doch so scheint es nur zu sein. Heute weiß ich, daß es einen Zusammenhang zwischen der Macht unserer Gedanken und Gefühle, unseren Bewußtseinsinhalten, und unserem Leben gibt. Das Leben ist Niederschlag und Ausdruck unseres Denkens und Fühlens – eine Transkription also aus der Welt des Geistes in die Welt der Erscheinungen?

Ich hatte, als ich erstmalig solchen Gedanken und Fragen nachging, noch keine Ahnung von der Atomphysik, von Albert

Einsteins und Werner Karl Heisenbergs Erkenntnissen. Die Geheimnisse des Periodensystems oder die wunderbare Oktettanordnung der Elemente (Oktett ist die Achtergruppe von Elektronen in der Außenschale der Atomhülle) waren seit meiner Gymnasialzeit nie mehr in Sichtweite meines geistigen Horizonts aufgetaucht, und oft wurde mir schmerzlich meine Unwissenheit in so vielem bewußt. Es war daher sicher kein Zufall, sondern eher etwas, das mir zufiel, wenn mir die Möglichkeit eröffnet wurde, mit vierzig Jahren noch einmal zur Universität gehen zu dürfen.

Des weiteren beschäftigte mich – infolge des frühen Todes meines Vaters – von Kindheit an und später immer mehr die Frage, ob es ein Leben nach dem Tode gebe und welche Antworten zu diesem Thema außerhalb der etablierten Religionen zu finden seien.

Stimmt das, was Carl Gustav Jung behauptet hat, daß nämlich ein Teil unseres Wesens, ein Teil unserer Psyche über den Tod hinaus weiter fortbesteht und den Gesetzen von Zeit und Raum nicht unterliegt? Könnte es demnach möglich sein, daß der Geist als Träger des Bewußtseins und als überlebende Energie beim körperlichen Tod freigesetzt wird und sozusagen als selbstbewußte, energetische Struktur weiterexistiert, vielleicht in einer feinstofflichen Hülle, die für unsere Sinnesorgane nicht wahrnehmbar ist? Der erwähnte Schrittmacher zeitgemäßer Psychologie erklärt uns: »In der Mehrzahl der Fälle ist die Frage nach der Immortalität so dringend, so unmittelbar und auch so unausrottbar, daß man den Versuch wagen muß, sich irgendeine Auffassung darüber zu bilden.« (25/304)* Und weiter Jung: »Es gibt... Hinweise, daß die Psyche den Gesetzen von Raum und Zeit nicht unterworfen ist... und daß die Psyche zeitweilig jenseits des raumzeitlichen Kausalgesetzes funktioniert.« (25/307)

All diese Fragen drängten mich, Antworten zu finden, und so

---

* Die in der Klammer erstgenannte Zahl verweist jeweils auf das dem Literaturverzeichnis zu entnehmende Werk, die zweite Zahl auf die Seite des Werks, auf der die Zitatstelle zu finden ist.

versuchte ich vorurteilslos, soviel wie möglich über das Wunder menschlicher Existenz zu erfahren, das, wie ich für mich entdeckte, zuallererst ein Wunder unserer Psyche ist.

Meinen eigenen Erkenntnisprozeß schildere ich im ersten Teil, die daraus resultierenden Erkenntnisse im zweiten Teil dieses Buches.

2

Die Jugend oder die Zeit der Fragen

Wie ich einleitend schon angedeutet habe, bedrängten mich von Jugend an Fragen nach dem Sinn des Lebens, nach dem Sinn des Sterbens, nach dem Sinn des Leidens. Warum wird der Mensch in diese Welt geboren, wenn er doch eines Tages sterben muß? Warum gibt es in einer Schöpfung voller Ordnung, Schönheit und Fülle, wie sie die Natur um uns herum bietet, Zerstörung, Ungerechtigkeit, Krankheit, Schmerz jeder Art? Warum ist die Ausgangslage für den einen Menschen oder überhaupt die Startbasis für ein Leben unter lauter günstigen Umständen vorgegeben, für ein anderes hingegen mit vielen Handikaps? Hat man sich – in der Sprache des Golfers ausgedrückt – die Vorgaben irgendwann einmal verdient oder erarbeitet, oder ist wirklich alles nur dem Zufall, dem sogenannten Schicksal, überlassen? Was ist Schicksal überhaupt?

Geboren 1940 in Österreich erlebte ich meine frühe Kindheit in einem Klima der Angst und des Schreckens. Es herrschte Krieg, und unsere kindlichen Gemüter wurden frühzeitig auf Feindbilder, auf völkische und rassistische Vorurteile und auf Opfer für den Endsieg programmiert. Zerstörerisches Denken und infolgedessen destruktives Fühlen in Form vor allem von Angst und Haß gehörten zum Lebensalltag. Als der Krieg zu Ende war, blieben uns neben der Angst vor den Russen die Ergebenheit in das »unvermeidliche Schicksal«, die Aufgaben des Überlebens, das Sich-bescheiden-Müssen mit dem Geringsten an Nahrung, Geld und Arbeit. Auch durften wir keine Träume mehr haben. Dies etwa waren die vorwiegenden Eindrücke und Leitmaximen, denen ich damals ausgesetzt war: Mensch unter Menschen, als Zwerg schicksalhaften Mächten ausgeliefert!

Als ich drei Jahre alt war, 1944, war mein Vater in Rußland gefallen. Ich hatte ihn so gut wie nicht gekannt. Die meiste Zeit war er an der Front gewesen, und seine kurzen Besuche »in der

Heimat« hatten in meinem Bewußtsein keine dauerhaften Spuren hinterlassen.

Die begreiflicherweise traurige und depressive Gemütshaltung meiner Mutter, die sich mit vierundzwanzig Jahren vor die Aufgabe gestellt sah, die Erziehung zweier Kinder bewältigen zu müssen, und das Bewußtsein meinerseits, ohne mein Dazutun mit einem Manko behaftet zu sein, einem Handikap – nämlich keinen Vater zu haben –, trugen sicher dazu bei, daß ich mich ständig mit der Frage beschäftigte, wo denn mein Vater nun eigentlich sei, warum er mich in die Welt gesetzt habe, wenn er nun nicht für mich sorgen könne. Am schlimmsten von allem erschien mir die himmelschreiende Ungerechtigkeit, daß ich diesen meinen Vater niemals würde kennenlernen können.

Als hätte ich es mir ausgesucht, wurde ich in eine streng katholische Familie hineingeboren. Als kleines Mädchen ging ich brav in die Kirche und bewunderte die Engel und die Heiligen, die als Fresken auf die Kirchendecke gemalt waren. Ja, ich war entschlossen, selbst einmal ein Engel zu werden! Das erschien mir erstrebenswerter, als in einer Welt zu leben, die den Menschen vorwiegend für irgend etwas zu bestrafen schien, für das er gar nichts konnte.

Trotz finanzieller Schwierigkeiten ermöglichte unsere Mutter meinem Bruder und mir den Besuch eines altehrwürdigen humanistischen Gymnasiums mit vorzüglichen Lehrern, die mir schon früh neue Welten des Geistes erschlossen. Unser Lateinlehrer verstand es, uns in die Welt der Römer zu versetzen, unser Geschichtslehrer ließ das alte Ägypten und Griechenland wieder auferstehen. Der Philosophieunterricht brachte mir Einblicke in die Geisteswelt großer Denker wie Sokrates, Platon, Hegel, der Psychologieunterricht in die von Sigmund Freud, Carl Gustav Jung, Viktor E. Frankl.

Ich lernte und las mit Begeisterung und lebte vorwiegend in geistigen Universen – ich war das, was man ein »verträumtes Kind« nannte.

Dank einem fortschrittlichen Theologielehrer erwuchs in mir auch ein frühzeitiges Interesse an Religionsfragen. Religion (von lateinisch *religare*) – als Rückbindung an Gott? Wer ist Gott? Warum liebt er den einen, warum straft er den anderen? Hört er meine Gebete? Und was ist Sünde? Warum gehen die Menschen in die Kirche, zur Kommunion, wenn sie gleich nach dem Kirchgang auf ihren Nachbarn mit dem Finger zeigen und seinen unmoralischen Lebenswandel anprangern? Wer ist nun böse – der, der sich zum Richter über andere erhebt, oder der, der angeblich böse ist? Und was ist böse überhaupt?

Die Welt meiner Engel kam ins Wanken, und die Zehn Gebote wurden mit zunehmendem Erwachsenwerden immer schwieriger nachzuvollziehen. Und wie konnte sich die katholische Kirche anmaßen, die »allein seligmachende« zu sein? Ich wurde zunehmend rebellischer gegenüber allen dogmatischen Glaubensvorschriften, und eines Tages entdeckte ich mit Bedauern, daß mir mein kindlicher Glaube an den Himmel abhanden gekommen war.

Nach dem Abitur studierte ich an der Universität Wien vier Semester Psychologie, was mich einerseits faszinierte, andererseits aber aufgrund der vielen theoretischen Postulate und der geradezu animosen Verschiedenartigkeit der einzelnen Schulen nie ganz befriedigte. Immer schien es mir, daß der Mensch ein offenes System sei, das sich in einem fließenden Prozeß der Bewußtwerdung befindet und nicht statisch, normiert, nach kultur- und gesellschaftsspezifischen Kriterien erfaßt werden kann. »Panta rhei« – alles fließt, heißt schon das Heraklit zugeschriebene Wort.

Das gleichzeitige Jurastudium meines Bruders brachte unsere Mutter in erhebliche finanzielle Engpässe. So war ich glücklich, daß ich eine Schulungsleiterin der damals noch sehr jungen Austrian Airlines kennenlernte und, fast ehe ich mich versah, bald schon danach in einem der ersten Stewardessen-Lehrgänge dieser Fluggesellschaft saß.

3

»Flugzeiten« des Bewußtseins

Das Engagement seitens der AUSTRIAN AIRLINES kam meiner stillen Sehnsucht nach der »großen, weiten Welt« und meiner enormen Neugier, andere Länder, Sitten und Kulturen, andere Sprachen und Religionen kennenzulernen, bestens entgegen. Immer schon hatte ich davon geträumt, die Welt nicht nur aus Büchern und vom Hörensagen, sondern mit eigenen Augen zu entdecken. Dazu bot sich mir nun eine unerwartete Chance. Griechenland und die Länder des Mittleren Ostens übten einen besonderen Reiz auf mich aus. Ägypten war ein Land, das mir spontan so vertraut vorkam, als hätte ich dort schon viele Jahre gelebt. Die Oststaaten, besonders Rußland, boten sich mir in ihrem ganzen Kontrast dar. Damals waren die Aufenthalte des Flugpersonals noch so, daß man Zeit hatte, Land und Leute wirklich kennenzulernen.

Die Folge all dieser bereichernden Erfahrungen waren neue Fragen: Warum gibt es Völker, die in Unfreiheit, in Armut leben, warum einen Eisernen Vorhang? Warum trifft diese Unfreiheit kollektiv ein ganzes Volk, einen ganzen Teil der Welt? Wer oder was bestimmt, ob ich hinter dem Eisernen Vorhang oder außerhalb dieser Grenze der Freiheit geboren wurde?

Ich hatte während meiner Gymnasialzeit einmal einen Redewettbewerb über die Menschenrechte gewonnen. Mir war daher die Magna Charta der Grundfreiheiten der Menschen bestens bekannt. Warum aber gelten diese Grundrechte nicht für alle Menschen? Und warum werden sie so vielerorts verletzt? Fragen über Fragen.

Kaleidoskopartig ging mein Leben weiter. Meine Neugierde und der Drang, noch mehr von der Welt kennenzulernen und noch mehr Antworten auf Fragen zu finden, fanden eines Tages, wie gewünscht, ihren Niederschlag darin, daß ich als Stewardeß der PAN AMERICAN AIRLINES engagiert wurde. Deren weltweites Flugnetz führte mich zu den entlegensten Winkeln der Erde. Der Vogel meines Bewußtseins flog mit weiten Schwingen über die Welt – ich war jung und vital, von unendlicher Lebenskraft und Lebensfreude erfüllt, vierundzwanzig Jahre alt, wie mir schien, unverwundbar – Ausdruck des Lebens in seiner ganzen Fülle.

Eine Krankheit, die eine plötzliche Bauchoperation notwendig machte, setzte meiner Berufstätigkeit ein jähes Ende. Krankheit und Arbeitsunfähigkeit entsprachen im Amerika der damaligen Zeit etwa dem, was Fanatiker des Rassenwahns und -hasses immer schon und immer wieder im Munde führen – man war »minderwertiges Menschenmaterial«. Damals fielen mir zum erstenmal Bücher über Edgar Cayce, den großen psychischen Heiler und Seher unserer Zeit, in die Hände, zum Beispiel Jess Stearns Werk *Der schlafende Prophet* (73). Besonders dieses Buch gab mir viel geistigen Trost.

Nach meiner Genesung ging ich zurück nach Europa. Österreich schien mir zu klein für mich geworden zu sein wie ein Kleidungsstück aus Kindertagen. Ich liebte Wien, konnte aber da nicht mehr leben. Die »Eroberung« der äußeren Welt war für mich innerlich noch nicht abgeschlossen. Gelegentlich eines Aufenthaltes in Deutschland nahm ich die Möglichkeit, bei der DEUTSCHEN LUFTHANSA zu arbeiten und zu fliegen, mit Freuden wahr.

Die weiteren »Lehr- und Wanderjahre« bereicherten mich durch viele Bekanntschaften mit Menschen in aller Welt. Aufenthalte im Fernen und Nahen Osten, in Südamerika, insbesondere in Brasilien, erschlossen mir buchstäblich neue Welten. Es mußte wohl so sein, daß sich unter dem Eindruck all dieser Erlebnisse mein Bewußtsein kontinuierlich erweiterte und, wie ein an Stärke und Umfang wachsender Lichtkegel, immer größere Landschaften ausleuchtete. Die Welt schrumpfte zusammen. Und ich verstand, daß allen Menschen, gleich welcher Nationalität, Hautfarbe oder Religion, die ewig gleichen Fragen nach dem Sinn des Lebens, dem Sinn des Sterbens, dem Sinn des Leidens am Herzen liegen und daß sie alle von der Geburt bis zum Tod mit ähnlichen Problemen zu kämpfen haben. Der einzige Unterschied ergibt sich aus der Geistes- und Gefühlseinstellung gegenüber dem Unabwägbaren des Lebens.

Längere Aufenthalte in Indien und Japan gaben mir Gelegenheit zu Besuchen in Ashrams und in Zenklöstern, eine halbjährige Stationierung in Brasilien zur Bekanntschaft mit der vom Wudukult inspirierten Welt der Macumba und des Condomblé sowie mit dem Spiritismus brasilianischer Eigenart. Was ich sah und meinem Bewußtsein einverleibte, versuchte ich anhand dazu erhältlicher Literatur nicht einfach zu »verdauen«, sondern auf das Annehmbare und Wesentliche hin zu sondieren und zu erkennen. Viele Nächte, in denen ich bei Interkontinentalflügen wegen des Zeitunterschieds nicht schlafen konnte, verbrachte ich lesend, eingetaucht in eine Welt des Geistes, in der Müdigkeit kein Thema war. Anspruchsvolle Bücher waren meine ständigen Reisebegleiter. Ich war glücklich und dem Leben sehr dankbar – ich fühlte mich reichlich beschenkt.

Bis zu meinem dreißigsten Lebensjahr hatte ich die Unregelmäßigkeit des Fliegerlebens unbeschadet überstanden. Ich hatte Zustände der Euphorie, aber auch, nach langem Schlafentzug, deren Gegenteil kennengelernt. Dabei verließ ich mich auf das eher intuitive Wissen, daß die Beachtung meiner objektiv ungesunden Lebensweise diese erst in mein Bewußtsein bringen, deren Nichtbeachtung jedoch meinen Organismus unversehrt lassen würde. Offensichtlich lag ich nicht völlig falsch.

4

Schmerzliche und heilvolle
neue Erfahrungen

Doch eines Tages forderten die Reisen in die Länder der Dritten
Welt ihren Tribut: Bei einer fliegerärztlichen Untersuchung
wurden Amöben festgestellt, Darmparasiten, die allen chemo-
therapeutischen Versuchen, sie zu eliminieren, widerstanden.
Bei jeder weiteren Untersuchung stellte der Arzt neue Darmgä-
ste fest, und das gab mir ein Gefühl des Krankseins, wie ich das
zuvor noch nie gekannt hatte. Ich litt unter Müdigkeit, Störungen der Verdauung, Koliken, Schmerzen.

Zur selben Zeit ging eine jahrelang zurückreichende persönliche Freundschaft in die Brüche, und ich fühlte mich reichlich
deprimiert, ja ich fing an – was so gar nicht zu mir paßte –, mich
zu bemitleiden. Hatte ich etwas falsch gemacht? Und obwohl ich
meine Träume verwirklicht hatte, bedrängte mich zum erstenmal
die Frage (die sich bei meinem bisher so interessanten Leben
noch nie gestellt hatte), warum ich noch nicht verheiratet sei,
Kinder hätte, ein »normales« Leben führen würde, wie sich
meine Mutter vorsichtig auszudrücken pflegte. Ja, warum eigentlich?

Eine Serie von fälligen Flugtauglichkeitsimpfungen endete mit
dem Befund eines urtikarischen Exanthems, und es wurde mir
klar, daß ich in diesem Zustand meinen Beruf nicht mehr lang
würde ausüben können. Die Frage, wie es weitergehen sollte,
beunruhigte mich zutiefst.

Eines Abends, als ich todtraurig im Bett lag, erinnerte ich
mich des Heilands meiner Kindheit und der Engel auf der Decke
unserer Kirche, und ich flüsterte in die Stille des Zimmers:
»Wenn es euch wirklich gibt, dann zeigt euch doch und helft
mir!« Und da sie sich nicht zeigten, drohte mich mein Selbstmitleid wie eine fallende schwarze Wand zu erdrücken. War ich
doch schon ohne Vater aufgewachsen, war ich jetzt auch noch

krank und allein und unsicher, ob ich meinen Beruf je noch würde ausüben können! Ich schlief ein wie ein Baby, des vielen Weinens müde geworden.

Gegen Morgen wachte ich auf und war mir, überdeutlich und vollkommen klar, eines Traumes bewußt, der so bildhaft und lebensecht gewesen war, als hätte ich ihn bewußt erlebt. Mein Vater war plötzlich vor mir gestanden – so wie ich ihn von Fotos her kannte – und hatte sanft über mein Haar gestrichen. Dann sagte er voller Liebe und Anteilnahme: »Kind, hör auf zu weinen, es wird alles gut.«

Irgendwie war plötzlich alles gut. Ich stand auf. Mein Selbstvertrauen war wieder da, das Selbstmitleid überwunden. Der Traum blieb mir intensiv gegenwärtig. Zum erstenmal in meinem Leben war mein Vater mir beigestanden. Er war da, als ich ihn brauchte.

Einen Tag später lernte ich Klaus kennen, sieben Monate danach haben wir geheiratet. Ich war glücklich. Ich fühlte mich beschützt (etwas, das ich bis dahin nie gekannt hatte); jemand sorgte für mich und las mir jeden Wunsch von den Augen ab – es war wirklich alles gut.

Irgendwie glaubte ich, daß mein »Gebet« um Hilfe erhört worden war. Es mußte Gott also doch geben? Und wenn ja, konnte er Gebete hören? Aber wie sollte er, bei all den Millionen Menschen, gerade meinen Hilferuf empfangen haben? Gab es vielleicht so etwas wie eine göttliche »Telefonleitung«, und ich hatte zufällig gerade die »Direktleitung« erwischt?

Klaus, der an der Technischen Hochschule in Aachen Elektrotechnik studiert hatte und später in die Firma, für die er arbeitete, als Partner eintrat, erklärte sich für derartige Fragen als nicht zuständig. Meist belustigten sie ihn. Umgekehrt wurde mir aufgrund von Gesprächen mit ihm oft klar, wie ungebildet ich in Sachen Naturwissenschaften war. Dessenungeachtet genoß ich unser privates und gesellschaftliches Leben. Im übrigen hoffte ich, ein Baby zu bekommen, das für mich eine neue Lebensaufgabe sein sollte. Das Baby kam nicht. Statt dessen fand ich mich von einem Tag zum anderen im Krankenhaus auf dem Operationstisch – mit dem Ergebnis, daß ich nie mehr würde ein Baby bekommen können.

Vor der Operation hatte der Chirurg mir erklärt, er wolle bei dem Eingriff den in der Bauchdecke längs verlaufenden Narbenstrang, der von meiner früheren Bauchoperation herrührte, öffnen, um Adhäsionen des Darmes zu lösen und den keloidartigen Narbenstrang zu exzidieren und durch eine schönere Narbe zu ersetzen. Die Operation werde deshalb unter Umständen etwas länger dauern.

Die Narkose wirkte sofort – mitten in einem Satz, den ich sagen wollte, war ich weg. Doch auf einmal hatte ich das Gefühl, etwas wie ein bewußter Punkt zu sein, der über dem Operationstisch schwebte und sowohl nach oben in das gleißende Licht der Operationslampen als auch nach unten auf meinen Körper, der oben mit grünen Tüchern abgedeckt war, zu blicken. Ich sah die Chirurgen in grünen Kitteln über mich gebeugt und dachte, ich müßte sie unbedingt wissen lassen, daß ich bei Bewußtsein sei und sie mir eine neue Narkose geben müßten, damit mein Körper da unten keine Schmerzen hätte. Ich fühlte mich wie ein vollbewußter Lichtpunkt, der nach oben und unten 360 Grad rundum alles sehen konnte, und dachte, daß dies alles sehr merkwürdig sei – ich wollte sprechen, konnte es aber nicht. In diesem Augenblick hörte ich, wie der Chirurg zum Anästhesisten sagte: »Sie bewegt sich, wir müssen noch etwas Narkose nachgeben.« Weg war ich wieder.

Als ich dieses Erlebnis später dem Operateur erzählte, bestätigte er, daß die Operation fünf Stunden gedauert hatte und die Narkose erneuert worden war – ich hätte dies aber unmöglich wahrnehmen können. Bestimmt hätte ich meinen Traum erst in der Aufwachphase geträumt. Ich akzeptierte diese Erklärung.

Trotzdem dachte ich immer wieder darüber nach, denn ich hatte schon einmal ein ähnliches Erlebnis gehabt, dem ich damals aber überhaupt keine Bedeutung beigemessen hatte. Ich hatte einmal nach einem Nachtflug, aus Nairobi kommend und total übermüdet, einen Autounfall. Da ich damals in meinem uralten VW-Käfer noch keine Sitzgurte hatte – die Vorschrift dazu gab es noch nicht –, schlug ich beim Aufprall auf ein geparktes Auto mit dem Kopf gegen die Windschutzscheibe. Aus Schnittwunden im Gesicht blutend und wie betäubt kletterte ich aus meinem ramponierten Wagen und nahm plötzlich deutlich neben mir meinen eigenen Körper wahr. Ich befand mich vielleicht etwa zwanzig Zentimeter von dem blutenden Etwas, das mein Körper war, entfernt. Irgendwie ging mich das Ganze gar nichts an. Ich beobachtete nur aufmerksam, was da geschah. Auch war ich unendlich müde und wollte in mein Bett und schlafen; der Nachtflug war anstrengend gewesen. Ich beobachtete, wie Leute aus den umliegenden Häusern gelaufen kamen – es war sechs Uhr morgens – und wie jemand mit einem Handtuch auf mich zulief. Erst als die Frau mit dem Handtuch mich anfaßte, waren mein Bewußtsein und mein Körper wieder eine Einheit, und ich wurde mir bewußt, daß mir jeder Knochen im Leib weh tat. Die Polizei und die Rettung waren erstaunlich schnell zur Stelle, und ich registrierte, wie ein älterer Polizist zu einem jüngeren sagte: »Sie ist im Schock, sie muß schnellstens ins Krankenhaus.«

Die Schnittwunden wurden vernäht, und nach wenigen Tagen war ich wieder fit. Das merkwürdige Gefühl, plötzlich *zwei* Wesen sein zu können, beschäftigte mich noch lange. Ich fand es aber nicht wichtig genug, mit jemandem darüber zu sprechen. Ich war glücklich, daß der Unfall so glimpflich verlaufen war.

Jetzt im Krankenhaus, wo ich viel Zeit zum Nachdenken hatte, fiel mir dieses Erlebnis wieder ein. Die Ähnlichkeit mit dem Erlebnis während der Operation war für mich nicht zu übersehen. Ich grübelte über die Narkose nach und versuchte, mir vorzustellen, was mit meinem Bewußtsein geschah, während ich betäubt war. War nur mein Körper betäubt, das heißt meine Gehirnzellen, und mein Bewußtsein nach Belieben dort, wo es sein wollte, etwa wie im Traumzustand, während der Körper nachts im Bett schläft? Sind Hirnaktivität und Bewußtsein eigentlich identisch, oder ist Bewußtsein völlig unabhängig von den Gehirnzellen? Wieder wurde mir klar, wie wenig ich wußte, und ich bedauerte, ein nur so spärliches medizinisches Wissen zu haben. Man sollte doch über sein Gehirn einigermaßen Bescheid wissen!

Klaus' Berufstätigkeit führte ihn von Erfolg zu Erfolg. Seine Arbeit machte ihm Freude. Er war viel auf Reisen, und so ergab es sich, daß ich häufig allein war und viel Zeit für mich hatte. Oft dachte ich darüber nach, wie gerne ich noch etwas Nützliches im Leben machen würde und wie gerne ich – gerade weil ich ein so angenehmes Leben hatte, gleichsam aus Dankbarkeit – etwas für andere Menschen tun würde. Es hatte mir schon immer Freude bereitet, anderen Menschen helfen zu können – und dieses Bedürfnis hatte sich in meinem Beruf als Stewardeß sehr gut verbinden lassen mit dem Angenehmen, das der Beruf bot. Einen kranken Passagier betreuen, einem alten Menschen die Tasche tragen, einen Passagier im Rollstuhl besonders liebevoll bedienen, solche Aufgaben hatte ich immer bereichernd gefunden, und ich liebte es, auch diese Seite meines Wesens in diesem oft fehleingeschätzten Beruf zu verwirklichen. Die seinerzeit häufige Betreuung kranker Passagiere und nicht zuletzt meine eigenen Krankheiten bestärkten mein Interesse an medizinischen Fragen. Meine Darmbeschwerden – trotz diagnostischer Bestätigung, daß die Darmparasiten nicht mehr auffindbar waren – zwangen mich, weiterhin ärztliche Hilfe zu beanspruchen. Tropenarzt, Internist und Gastroenterologe stellten einhellig einen »Reizdarm« fest, als Folge zu starker chemotherapeutischer Reize auf die Darmschleimhaut. Außer Psychotherapie sei da aber nicht viel zu machen. Damit müsse ich eben leben. Diese Ratschläge befriedigten mich nicht. Ich liebte es nicht, in die »psychische Ecke« geschoben zu werden. Ich kannte mich gut genug; ich hielt mich für extravertiert – etwaige Probleme projiziere ich gewöhnlich nach außen und nicht nach innen! Freunde, die meine Beschwerden kannten, brachten mich eines Tages auf den Gedanken, eine Heilpraktikerin in München zu konsultieren, bei der sie selbst – beide Akademiker und mit einigem Unterscheidungsvermögen ausgestattet – gute Erfolge gehabt hatten.

Sie war eine sehr einnehmende und herzliche Persönlichkeit, die in ihrem Beruf tatsächlich sehr kompetent zu sein schien. Irisdiagnose, Akupunktur, Homöopathie waren ihre bevorzugten Naturheilmethoden. Diese galten in unserem Freundeskreis als eher suspekt. Da aber ärztliche Kunst mich nicht weiterbrachte, mußte ich mich wohl oder übel über solche Vorurteile hinwegsetzen.

Und tatsächlich brachten mir all die mir verabreichten Tropfen, Wässerchen, Globuli und Pulver Erleichterung, zwar nicht von heute auf morgen, aber ich stellte eine kontinuierliche Normalisierung meiner intestinalen Prozesse fest. Ich begann mich für die Wirkung dieser potenziert verdünnten homöopathischen Mittel zu interessieren. Wie konnte etwas, das materiell als Wirkstoff gar nicht mehr nachweisbar war, in meinem Organismus überhaupt eine Wirkung hervorbringen?

Die Heilpraktikerin erklärte mir, es sei ein geistiges Prinzip, das man verstehen müsse; die Wirksamkeit könne aus materieller Sicht nicht verstanden werden. Bilder aus alten Märchen vom Zaubergeist in der Flasche bestürmten mich. Sonst aber verstand ich nichts.

5

Die Inkubationszeit oder die Suche nach Antworten

Zufällig sah ich ein Buch auf dem Schreibtisch der Heilpraktikerin liegen. Titel: *Gespräche mit Seth*, Untertitel: »Von der ewigen Gültigkeit der Seele«, Autorin Jane Roberts (55). Die Frau bemerkte meinen interessierten Blick und sagte: »Ich glaube, Sie sollten dieses Buch lesen, ich leihe es Ihnen gerne.« Ich nahm dankend an und versprach, es ihr so bald wie möglich wieder zurückzugeben.

So lernte ich Seth kennen. Wer aber ist »Seth«? Professor Raymond van Over von der New York University zufolge ist Seth die »Trancepersönlichkeit einer außergewöhnlich ASW-begabten Sensitiven« (58/11) – eben der erwähnten Jane Roberts. Im Trancezustand des Mediums spricht sich Seth aus, dessen Botschaften wahrhaftig neu und umwälzend sind. Seth selbst bezeichnet sich als einen »Energiepersönlichkeitskern, der nicht mehr in der physischen Form zentriert ist«.

Ich war fasziniert. Die Texte, der Inhalt des Buches, die überraschenden, oft schockierenden Botschaften und die umfassenden geistreichen Aussagen über fast alle Wissensgebiete, die menschliche, ewig gültige Fragen berühren, zwangen mich zu tiefem Nachdenken. Die Kompetenz, mit der sich da eine Wesenheit, die es in unserer Erscheinungswelt gar nicht gibt, über unsere körperlich-materielle Welt und »höherdimensionale Realitäten« ausspricht, ist ebenso umwerfend wie provozierend.

Jane Roberts schildert glaubwürdig, wie ihr Mann und sie selbst eines Tages »von Seth überrascht wurden«, der sich in ihrem Leben offenbar zum Zweck ihrer Belehrung – als Sprecher eines »höherdimensionalen Bewußtseins« oder überhaupt als Sprachrohr einer höherdimensionalen Wirklichkeit – zu manifestieren schien. Bescheiden versichert sie, daß das Wissen, das sie im Trancezustand vermittelt, ihrem Bewußtsein nicht entstammen könne, da solches Wissen Kenntnisse in Religion, Medizin, Psychologie und Geisteswissenschaften voraussetzen würde, die sie selbst niemals haben könne. Welches Wissen tritt nun also in den von Jane Roberts vermittelten Seth-Botschaften zutage? Die Antwort finden Sie im zweiten Teil dieses Buches.

Scheinbar zufällig fiel eines Tages, als ich mir einmal mehr diese Frage stellte, mein Blick – ich suchte in einer Buchhandlung ein Geschenk – auf ein Taschenbuch mit dem Titel *Bericht vom Leben nach dem Tode* (17). Arthur Ford, der Autor, berichtet tatsächlich Erstaunliches. Seth, der es an »Berichten« mangeln läßt, ist glaubwürdiger.

Etwa zu jener Zeit besuchte mich meine österreichische Freundin Elisabeth. Sie schlug vor, gemeinsam eine Heilpraktikerschule zu besuchen, die im Herbst beginnen und etwa zwei Jahre lang im Abendunterricht stattfinden sollte. Sie selbst litt an einer Hautkrankheit, Vitiligo, die aus ärztlicher Sicht nicht heilbar war. Begreiflicherweise war sie an anderen Heilmöglichkeiten interessiert. Ich hätte nie erwartet, was für eine verrückte, bereichernde und fröhliche Zeit für mich begann!

Unsere Lehrerin, die ihren Unterricht auf Schüler mit nachgewiesener mittlerer Reife und eine eher kleine Gruppe beschränkte, vermochte uns ihr Wissen leicht verständlich und auf eine interessante Art zu vermitteln, so daß das Lernen uns Freude machte. Aufgrund ihrer Anregungen saß ich jede freie Minute über medizinischen und auch esoterischen Büchern. In esoterischer Literatur kannte sich unsere Lehrerin bestens aus; sie war überhaupt eine äußerst belesene Frau. Oft sagte sie uns, Wissen habe seinen eigentlichen Wert nur, wenn es weitergegeben werde. Jeder Schüler konnte sich kostenlos ihre Bücher ausleihen, man mußte nur seinen Namen in eine Liste eintragen. Wir machten von ihren Empfehlungen reichlich Gebrauch. Neben ihrer Gabe, Menschen zu unterrichten und zu begeistern, verfügte sie über einen trockenen, geradezu britisch anmutenden Humor, der messerscharf sein konnte.

Bis ich die Ansichten dieser außergewöhnlichen Frau kennenlernte, war ich – wie die Mehrheit der Menschen, die ich kannte –

der Meinung, daß Krankheit den Körper befällt und es reine
Glückssache, allenfalls noch genetische Determinierung sei, ob
ein Mensch in die Maschen eines bakteriellen, viralen oder wie
immer gearteten Angriffs auf die Gesundheit gerät, abgesehen
vielleicht noch von einer unvernünftigen, ungesunden Lebensweise, die ja ebenfalls zu Schädigungen führen kann. Auch hielt
ich das persönliche Aussehen, daß Äußere eines Menschen
jedenfalls für einen Zufall, für Glückssache, allenfalls eine Folge
der Erbfaktoren. Ihre Behauptung »Mit vierzig Jahren ist jeder
für sein Gesicht selbst verantwortlich« brachte uns zwar zum
Lachen, aber auch zum Nachdenken.

Oft sprachen wir darüber, wie deutlich die innere Einstellung
und die vorherrschenden Vorstellungen, insbesondere aber die
zu Glaubenssätzen erhärteten Überzeugungen, ihren Niederschlag im Leben eines Menschen finden. Wenn negatives, das
heißt zerstörerisches Denken das Gefühlsleben »infiziert« hat,
dann bleiben die Folgen derartigen Giftes nicht aus. Solche
seelisch-geistige Giftstoffe sind nicht nur Ärger, Zorn, Wut,
Haß, sondern auch Angst, Eifersucht, Neid, Schadenfreude,
Spott, Hochmut, Eitelkeit wie auch Mißtrauen, Überheblich-
keit, Machtgier und jegliche Unzufriedenheit. Die Wirkung auf
den Organismus ist genauso verheerend wie die der organischen
Giftstoffe, die unseren Körper ruinieren.

Ich lernte vieles neu und anders sehen, als ich das bisher
gewohnt war. Dazu trug ein von unserer Lehrerin organisierter
Meditationskurs bei, den Dr. Hans Endres, Psychologe und
Esoteriker, der auch sehr schöne Bücher geschrieben hat (12),
mit unserer Gruppe durchführte. Dabei machte sogar auch
Klaus mit. Dr. Endres, ein vielstudierter und weitgereister
Mann, der mit zahlreichen Geisteswissenschaftlern in aller Welt
persönlichen Gedankenaustausch pflegte, war eine erstaunliche
Persönlichkeit. In den Siebzigern war er noch schlank und
sportlich und hatte eine Haltung, die einem jungen Offizier zur
Ehre gereicht hätte. Am eindrucksvollsten für mich aber waren
seine strahlenden blauen Augen, Ausdruck seiner Vitalität und
geistigen Präsenz. Er führte uns in die Theorie und Praxis der

Meditation ein und lernte uns auch wunderbar beruhigende, zu Meditation und Träumen anregende Musik kennen.

Viel gaben mir auch die Kurse über Psychosomatik und Suchtkrankheiten, die Dr. Walter Lechler, Chefarzt der Psychosomatischen Klinik in Bad Herrenalb, gab. Ich lernte in ihm einen wahrhaft spirituellen Arzt kennen, der seinen Beruf noch als Gnade und hohen Auftrag verstand.

Ein zündender Impuls für mein weiteres Leben war für mich die Lektüre von Paramahansa Yoganandas *Autobiographie eines Yogi* (84). Die Bücher dieses Weisen gehören zu den schönsten, die ich je gelesen habe. Man muß sich allerdings einen kindlichen Glauben an Wunder und den Zauber der Märchen bewahrt haben, um seine Botschaft zu verstehen. Yogananda ist für mich einer der größten Geisteswissenschaftler des Jahrhunderts, ein großer Sohn Indiens, der wie Gandhi Toleranz und Liebe lehrte und über alle Eigenschaften verfügte, die wir einem Heiligen zuschreiben – Geduld, Großmut, Weisheit und Liebe für alle Kreatur. Er ist sicher einer der großen geistigen Menschheitslehrer. Thomas Mann schrieb in einem an ihn gerichteten Brief: »Ich danke Ihnen dafür, daß Sie mir Einblick in diese wunderbare Welt gewährt haben.«

Yoganandas Autobiographie zeigte mir klar, daß es so etwas wie Zufälle nicht gibt. Sein Lebensziel, das ihm früh schon von seinem ehrwürdigen Lehrer Sri Yukteswar vorgezeichnet worden war, führte ihn auf wundersame Weise nach Amerika. Dieses Land machte er als Lehrer uralten indischen Wissens mit den Yogalehren bekannt und vermochte, selbst Christ, diese mit Jesu Lehren in Einklang zu bringen. Aufgrund seiner wahrhaft erleuchteten Erklärungen verstand ich die Bibel auf einmal anders und als etwas Neues und Schönes, insbesondere das Mystische an der Frohbotschaft der Evangelien.

Meiner Ansicht nach ist es als Zeichen der Reife eines toleranter und geistig bemühter gewordenen Zeitalters zu werten, wenn der vom Christentum geprägte abendländische Mensch, der gerade erst die Schwelle des Atomzeitalters überschritten hat, in dieser eindringlichen Weise auf die jahrtausendealten Yogalehren als Schlüssel zu allen Geistes- und Naturkräften verwiesen wird. Sie machen dem Logos Wirklichkeiten zugänglich, denen sich bisher nur der Glaube zu nähern wagte.

Geradezu folgerichtig fiel mir dann das Buch *Die Einweihung* (21) in die Hände, dessen Autorin, Elisabeth Haich, auf eigenartige Weise mit dem indischen Yogi Selvarajan Yesudian zusammengeführt wurde. Nach dem Studium der Musik, nach Ehe- und Mutteraufgaben und harten Schicksalsschlägen wurde sie Yogalehrerin und Koautorin Yesudians zahlreicher Bücher und fand den Sinn ihres Lebens im Dienst an den Mitmenschen. Auch dieses war ein Buch, das mich tief beeindruckte. Doch der blinde Glaube mancher Menschen fehlte mir – ich wünschte mir für alles eine rationale Erklärung, Fakten, Beweise. Mein analytischer Verstand war der Antagonist religiöser Vision wie auch inneren Wissens. Die einzige Möglichkeit, gültige Antworten zu finden, schien mir ein ähnlicher Weg zu bieten wie der von mir zur »Eroberung« der äußeren Welt im Flugnetz großer Gesellschaften beschrittene: mich noch besser zu informieren, noch mehr zu lernen. Aber wo sollte ich anfangen?

Eines Nachts hatte ich eine Serie mehrerer Träume. In einem ersten Traum sah ich mich in einem Schloß an einer langen, gedeckten Tafel sitzen, in Wien, und es schien so, als sei dies ein Festbankett für den österreichischen Kaiser. Undeutlich war mir bewußt, daß ich mit ihm verwandt war und Staat machen sollte. Ich tat dies mit großem Unbehagen. Zu einem neben mir sitzenden jungen Mann sagte ich voller Ressentiments: »Und ich hätte doch viel lieber Medizin studiert!«

Unversehens war ich in ein anderes Traumgeschehen verwikkelt: Ich saß in einem riesigen Hörsaal mitten unter jungen Studenten. An der Wand hingen große Tafeln mit anatomischen Zeichnungen des menschlichen Schädels, des Rumpfes, der inneren Organe. Wir hörten eine Vorlesung über innere Medizin, und ich dachte, wie logisch es doch sei, daß man das Innere (die Gedanken) nach außen projiziere. Die Studenten schienen mir zuzustimmen.

Ein dritter Traum rüttelte mich sozusagen wach: Ich saß mitten in einer blühenden Wiese, umgeben von einer wunderschönen Landschaft. Plötzlich kam ein ungeheures Licht auf mich zu, eine wolkenartige, strahlende Formation, und eine unsichtbare Stimme sagte: »Du sollst lernen, du sollst lernen.«

Am nächsten Morgen stand ich auf, holte wie selbstverständlich Abiturzeugnis und Reisepaß hervor und fuhr zur Universität. Ich legte meine Papiere vor, bewarb mich um einen Studienplatz in Medizin und hörte mit Freude, daß ich aufgrund meines Abiturzeugnisses – Notendurchschnitt 1,1 – gute Chancen hätte.

Dann rief ich Klaus an. Er fiel aus allen Wolken, meinte, ich sei total verrückt, und wollte mich sofort zum Mittagessen in der Stadt treffen. Er fand sehr bald seine Ruhe wieder. Ich erklärte ihm, daß ich nicht im leisesten daran glaubte, einen Studienplatz, noch dazu ausgerechnet in Medizin, zu bekommen, ich sei einfach, ermutigt durch meine Träume, einem intuitiven Impuls gefolgt.

In dieser Zeit erlebte ich die Not einer sehr lieben Freundin im grauenvollen Prozeß von Krebs im Endstadium – den Schrecken der unerbittlich eindeutigen Diagnose, ihre Ängste und Sorgen, ihre Hoffnungen und Enttäuschungen. Verständlich ihr Hadern mit dem Schicksal und ihre ständige Frage: »Warum gerade ich?« Ihre drei Kinder vermochten ihr keinen Trost zu geben, und ihre Ehe war schon vor der Erkrankung auseinandergegangen. Da sie an Gott nicht glaubte, war es schwierig, sie zu trösten. Eine Freundin und ich machten es uns zur Aufgabe, sie wenigstens über das zu informieren, was es über das Sterben und den Tod an wichtiger Literatur gab. Wir lasen ihr aus Büchern von Dr. Elisabeth Kübler-Ross vor, insbesondere aus *Über den Tod und das Leben danach* (34), aus Dr. Raymond Moodys *Leben nach dem Tod* (45), aus Prof. Dr. Milan Rýzls *Der Tod und was danach kommt* (65) und aus dem *Tibetanischen Totenbuch* (79).

Die Kranke, studierte Akademikerin, verlangte von den Ärzten und Freunden hinsichtlich des Krankheitsverlaufs absolute Ehrlichkeit und schonungslose Offenheit. Sie wußte, wie es um sie stand, und verbat sich Beschönigungen. Deshalb konnten wir offen mit ihr über alles sprechen, was Wissenschaftler der Thanatologie über den Tod und ein eventuelles Leben danach in Erfahrung gebracht und allenfalls postuliert hatten. Es war eine große Freude für uns zu sehen, daß sie das, was wir ihr vorlasen, annahm, und oft, wenn sie ganz still dalag und wir meinten, wir hätten sie überanstrengt und sie wäre eingeschlafen, sagte sie plötzlich leise: »Lest mir weiter vor, ich höre euch so gerne zu.«

Es war das einzige, das wir ihr in unserer Liebe ihr gegenüber an Dienst erweisen konnten, und wir waren glücklich, daß sie ruhig und im Frieden von uns gegangen ist. Einer ihrer Söhne bestätigte mir später schriftlich, wieviel Trost und Freude wir seiner Mutter durch das, was wir ihr übermitteln wollten, gegeben hatten. Obwohl sie nicht an Gott glaubte, konnten wir ihr mit dem zunehmenden Verfall des physischen Körpers infolge sichtlichen Aufgebens ihrer lebenslang von einer rein rationalen Weltsicht bestimmten Denkgewohnheiten einen sanften Übergang verschaffen zu einer Welt des Geistes und einem kindlich vertrauensvollen Glauben an ein geistiges Fortleben und an einen Sinn ihres Leidens.

Oft dachte ich zu jener Zeit, wie schön es doch wäre, Ärztin zu sein, Menschen zu helfen und sie mit dem Wissen, das ich hatte, trösten zu können. Ich stellte mir sehr oft bildhaft vor, wie ich durch die Korridore eines Krankenhauses eilte, von Zimmer zu Zimmer, um Krebskranke zu betreuen.

Damals erlebte ich auch etwas, das mich zutiefst berührte: Eines Tages spielte ich Golf, es war ein sonniger Sommertag, und ich war mit einem Freund gerade an einem Loch, das nahe der Straße lag. Plötzlich hörten wir einen ohrenbetäubenden Lärm: Ein Autounfall! Ich warf meinen Golfschläger weg und raste über das Grün, sprang über eine Einzäunung auf die Straße und sah unmittelbar vor mir einen Pkw, buchstäblich hochkant um einen dicken Baumstamm gewickelt. Mir blieb vor Schreck fast das Herz stehen; ich dachte, es sei unmöglich, daß da ein menschliches Wesen noch lebend rauskommen könne. Aber es kam.

Ein vielleicht achtzehnjähriger Junge kletterte blutend aus dem Wagen. Ich zwang ihn sanft, sich auf den Boden zu legen, seinen Kopf in meinen Schoß zu betten, und sprach beruhigend auf ihn ein, während mein Golfpartner die Rettung und die Polizei rief. Ich fühlte eine tiefe Liebe und ein tiefes Mitempfinden für dieses verschreckte Wesen in meinen Armen. Der Junge erklärte mir stammelnd, er sei Student und in einem Ferienjob als Botenjunge tätig, das Auto geliehen. Ich versuchte, ihn zu trösten. Doch wieder war ich mir – trotz früherer Erste-Hilfe-Ausbildung und Heilpraktikerschule – meiner Unzulänglichkeit bewußt, und ich wünschte sehnlichst, irgend etwas tun zu können, um dem Jungen zu helfen. Wieder tauchte der Gedanke auf: Arzt müßte man sein!

6

Spätstudium und praktische Bewährung

Einige Wochen später überraschte mich Klaus im Keller – ich hängte da meine Wäsche auf und war auf sein verfrühtes Heimkommen nicht vorbereitet – und sagte betont gelassen: »Ein Eilbrief. Von der Universität.« Ich riß den Brief auf – und jubelte auf: »Ich bin angenommen!« Ich konnte es nicht fassen. Ein ungeheures Glücksgefühl durchströmte mich, und ich sagte zu ihm: »Weißt du, die Zulassung zum Medizinstudium bedeutet mir mehr als der größte Lottogewinn.«

Schon zwei Wochen später saß ich in einem Hörsaal des Universitätsklinikums, mitten unter jungen Studenten. An der Wand hingen anatomische Zeichentafeln, die den Schädel, den Rumpf und innere Organe abbildeten, und mir war überdeutlich bewußt, daß ich das alles schon einmal gesehen hatte – déjà vu in präzisester Form! Ich erlebte hier genau das, was ich zuvor geträumt hatte. Wie seltsam!

Ich stürzte mich in die Arbeit. Vorlesungen von 8.15 Uhr morgens bis 13.00 Uhr, praktischer Unterricht von 14.00 Uhr bis 18.00 Uhr auf den Wissensgebieten der Chemie, Physik, Biologie, Biochemie, der Anatomie, Physiologie, Histologie und nicht zuletzt auch der Psychologie und medizinischen Soziologie. Ich raste früh morgens aus dem Haus und kam abends vollgestopft mit neuem Wissen zurück. Vor allem Chemie – so schwierig mir der Stoff vorkam – und Physik, besonders Atomphysik, faszinierten mich. Ich erfuhr, zunächst ziemlich verwirrt, von den neuesten Erkenntnissen, die mich mit Materie und Antimaterie konfrontierten – und mit Einsteins und Heisenbergs Postulaten des Atoms als Korpuskel und Welle.

Das alles ließ in mir die Erkenntnis wach werden, daß der Mensch gleichzeitig in zwei unterschiedlichen Realitäten lebt:

in der Wirklichkeit der (materiell-körperlichen) Erscheinungswelt und einer gültigeren, materiell nicht mehr faßbaren
höherdimensionalen Realität, die sich dem Weltbild orthodoxer
Naturwissenschaft entzieht.

Meine jungen Kolleginnen und Kollegen halfen mir, wo sie
nur konnten. Sie fanden es »toll«, daß eine Frau von vierzig sich
noch auf die Universität traute, und auch die Professoren, die
durchschnittlich mein Alter hatten, und die Assistenten
erwiesen sich mir gegenüber als sehr freundlich. Was für eine
schöne und bereichernde Zeit!

Als wir im zweiten Semester das gefürchtete Chemiepraktikum vor uns hatten, schickte ich ein Stoßgebet zum Himmel
und flehte einen unserer Biologiedozenten an, ob er uns in
Chemie nicht Rat wisse. Er gab mir und einer sehr sympathi-
schen Kollegin, die vorher Musik studiert hatte, einen geheimen
Typ in Form einer Telefonnummer. So lernte ich Volker
kennen.

Er arbeitete an seiner Promotion in Chemie an einem der
Institute des Klinikums, und es war Sympathie auf den ersten
Blick. Aber mehr noch: Volker und kein anderer wurde uns als
Praktikumsleiter im Chemiepraktikum »beschert«. Er war ein
erstaunlicher Mann, belesen, interessiert und so verständnisvoll,
daß ihm niemand seine erst zweiunddreißig Jahre geglaubt hätte.
Er hatte für sein Institut Testungen homöopathischer Arznei-
mittel und bestimmter Phytotherapeutika vorgenommen und
deren leichte Aufnahme durch die Rezeptoren der Zellen, an
denen sie ihre Wirksamkeit entfalten sollten, nachgewiesen. So
war er, der Chemiker, ein überzeugter Anhänger naturheil-
kundlicher Verfahren, und ich durfte bei jedem Schnupfen und
Husten, die das Institut »heimsuchten«, mit Naturheilmitteln
therapeutisch tätig werden. Wir lachten herzlich darüber!

Gegen Ende des Semesters kam Volker eines Tages völlig
deprimiert ins Praktikum. Ich glaubte, ein seelisches Problem zu
erspüren, und er vertraute mir an, daß am Vorabend eine ihm am
Herzen liegende Freundschaft mit einer Medizinstudentin
höheren Semesters ihr Ende gefunden hatte. Sie war zu einem

früheren Freund, einem frischgebackenen Mediziner, zurückge-
kehrt. Das tat weh – ich kannte das aus eigenen schmerzvollen
Erfahrungen. Um ihn zu trösten, sagte ich zu ihm: »Andere
Mütter haben auch schöne Töchter! Du bist noch so jung – die
Welt geht deswegen nicht unter!« Später, längst nach bestande-
nem Praktikum, war ich wohl seine Seelenvertraute. Als ich
mich eines Tages von ihm verabschiedete, fiel eine blaue Karte
aus meinem Chemiebuch, die Abbildung zweier ätherischer
Wesen, die in einer Lichtkugel tanzen. Volker hob die Karte auf,
sah sie an und sagte: »Die ist aber schön!«

Die Karte war von meiner Freundin Carina. Sie war eine
attraktive Frau, die seit vielen Jahren bei der Lufthansa in der
Flugbegleiterschule tätig war, und eine liebe Freundin, die mir
auch so manche gute Bücher empfohlen hatte, unter anderen das
schon erwähnte Werk Paramahansa Yoganandas *Autobiographie eines Yogi*. Einem Geistesblitz folgend sagte ich zu Volker:
»Die Karte ist von meiner Freundin Carina, die müßtest du
eigentlich einmal kennenlernen!«

Zwei Wochen später lud Carina Klaus und mich zu ihr zu
einer kleinen Geburtstagsfeier ein. »Wir kommen gerne«, sagte
ich. »Doch kann ich noch einen Freund mitbringen?« Carina
antwortete spontan: »Ja, gerne.« Und so lernten sich die beiden
dann kennen. Es war Liebe auf den ersten Blick. Klaus und ich
konnten förmlich zusehen, wie »polare Ladungen magnetisch
angezogen« wurden und die »Funken sprühten«. Die Verliebten
ließen den ganzen Abend die Augen nicht mehr voneinander.

Ich freute mich für Carina und Volker und sagte scherzend:
»War es vielleicht das, was du, lieber Volker, uns im Praktikum
immer über die Anziehungskraft von Anionen und Kationen
beibringen wolltest – diese ›Sehnsucht‹ positiv geladener Teilchen, sich mit negativ geladenen zu vereinigen? Du willst uns
wohl vor unseren Augen das Loissche Gesetz elektrophilen und
nukleophilen Verhaltens von Ionen demonstrieren?« Er lachte.
Er war glücklich. Ich aber fragte mich, ob denn die Anziehung
ungleich geladener Teilchen mikrokosmisch etwas anderes ist als
im Makrokosmos die Anziehung zweier Menschen, die sich

verlieben und für die es in der Welt nichts und niemanden mehr gibt außer das Wunder, das sie gerade erleben.

Klaus und ich merkten, daß wir eigentlich überflüssig waren, und es war die selbstverständlichste Sache der Welt, daß wir uns verabschiedeten. Ich weiß nicht, ob Volker bei Carina über Nacht blieb oder, wenn ja, jemals wieder ausgezogen ist, denn ein Jahr später heirateten die beiden.

Viel später, als die zwei zusammen eine größere Wohnung nahmen, fand Carina Briefe ihres verstorbenen Vaters, die eindeutig bewiesen, daß ihr Vater und Volkers Vater sich gekannt und miteinander korrespondiert hatten. Auch Volkers Vater lebte nicht mehr. Beide waren Diplomchemiker und beide vor dem Krieg für dieselbe Chemiefirma forschend tätig gewesen. Zufall?

Einer unserer liebsten Freunde ist Internist, Professor an der Universität. Seine Frau ist wie ich geborene Österreicherin. Uns verbindet eine herzliche Freundschaft, auch haben wir gemeinsame sportliche Interessen. Oft gehen wir abends zusammen im Wald joggen.

Wir stehen zwar an polaren Enden medizinischen Verständnisses. Unser Freund, Schulmediziner, wie er im Buch steht, doch auch Arzt alter Schule mit Leib und Seele – und da kam ich, vollgestopft mit Vorlesungswissen, und verfocht naturheilkundliche Methoden!

Eines Tages sprachen wir über Meditation. Ich wollte ihm klarmachen, daß man, wenn einmal unser Denken bewußt ausgeschaltet ist, in eine große Leere eintauche, vielleicht in einen unendlichen Bewußtseinsozean. Es könne doch möglich sein, daß dieser »leere Raum« ein gewaltiger Energiefonds und Materie, wie wir sie kennen, nur eine geringfügige, wellenartige »Anregung« aus diesem Energiereservoir, eine Kräuselung in dem unendlichen Ozean von Energie sei, daß auch wir selbst nur kleine Wellen im großen Bewußtseinsmeer seien und uns nur infolge der Begrenztheit unserer auf die dreidimensionale Erscheinungswelt ausgerichtete Sinneswahrnehmung als ichbegrenzte, eigenständige Persönlichkeit erfahren.

»Abgelehnt, und zwar schon zur Zeit der Pyramiden!« kam prompt die Antwort. Ich lachte.

»Weißt du eigentlich«, fragte ich ihn einmal beim Joggen, »daß die Welt, wie unsere Sinnesorgane sie uns abbildet, völlig unreal ist? Würdest du uns und alles um uns herum durch ein Elektronenmikroskop betrachten, käme eine völlig andere Realität zum Vorschein – ein Tanz von Atomen, vielleicht Moleküle oder Benzolringe, die sich ›in den Schwanz beißen‹?«

Vernichtender Blick, fröhliches Weiterjoggen.

Immerhin, es war doch so: Eines Nachts (1865) träumte der Chemiker August Kekulé von Stradonitz von einer Schlange, die sich selbst in den Schwanz beißt. Als er aufwachte, war ihm schlagartig klar, daß das Benzolmolekül, dessen geheimnisvolle Struktur ihn schon lange beschäftigt hatte, die Form eines Ringes haben müsse. Er schuf aufgrund der Erkenntnis der Vierwertigkeit des Kohlenstoffs und der Ringstruktur des Benzols wichtige theoretische Grundlagen der organischen Chemie. Kekulés Symboltraum ermöglichte eine Entdeckung, die bahnbrechenden Einfluß auf die chemische Industrie haben sollte. Ohne sie wäre vielleicht die Entwicklung des Kunststoffs nie möglich gewesen.

»Siehst du an diesem Beispiel denn nicht, daß auch dem Traum eine Realität zukommt, über die wir uns viel zuwenig Gedanken machen? Wer weiß, vielleicht könnte man den Traum sogar therapeutisch zur Diagnosefindung nutzen?« gab ich ziemlich atemlos zu bedenken.

Joggen und Diskutieren zur gleichen Zeit war für mich zu anstrengend! Ihm setzte mehr noch mein ketzerisches Ansinnen zu. »Du bist eine Traumtänzerin«, sagte er. »Und so etwas studiert Medizin!«

An diesem liebenswürdigen Freund durfte ich dank seiner menschlichen und professoralen Gutmütigkeit sozusagen meine neuen intellektuellen Krallen schärfen, und ich entdeckte an mir eine bislang mir unbekannte Eigenschaft: ich konnte auch ein streitbarer Geist sein, der seine Meinung verfocht. Dank seiner Hilfe durfte ich im Sommer mein medizinisches Praktikum in Krankenpflege auf einer Station der inneren Medizin an der

Universitätsklinik absolvieren, auf der vorwiegend unheilbar erklärte Krebskranke lagen. Wieder war also einer meiner innigen Wünsche in Erfüllung gegangen.

Trotz aller Frühschichten, der Sonntagsdienste und schwerer körperlicher Arbeiten auf der Station war dieses Praktikum für mich das Schönste an meinem ganzen Medizinstudium. Endlich konnte ich Wissen umsetzen und Symptome nicht nur im Lehrbuch oder vom Diaprojektor an die Leinwand geworfen sehen, sondern Kranke betreuen. Die Ärzte und Schwestern waren sehr hilfsbereit und bemüht, meine vielen neugierigen Fragen zu beantworten und mir praktisches Wissen zu vermitteln.

Nach der Krebserkrankung meiner Freundin war ich vorbereitet auf den teilweise furchtbar anzusehenden körperlichen Verfall Krebskranker im Endstadium. Deren Pflege, die Gespräche mit ihnen, die liebevollen Bemühungen der Krankenschwestern – alles das ließ mich mit Freude meine Arbeit verrichten. Ich fühlte ein tiefes Mitempfinden für diese schwerkranken Menschen, die oft erst in meinem Alter waren. Häufig mußten wir Patienten waschen, die infolge ihrer Krankheit nicht mehr schön anzusehen waren, und ich hätte nie gedacht, daß ich dies so ohne weiteres würde tun können. Wenn es ganz schlimm war und ein Anflug von Ekel mich überkam, dachte ich im stillen: »Was ihr dem Geringsten meiner Brüder tut, das habt ihr mir getan.«

So bekam das Bibelwort Sinn, und die Arbeit machte keine zu große Mühe. Auch ich selbst hätte schließlich hier liegen können, hilflos, auf die Fürsorge des Pflegepersonals angewiesen. Nur wenn man selbst schon krank war und gelitten hat, am eigenen Körper das Gefühl erfahren hat, nur noch aus Schmerz zu bestehen, kann man wirklich die Agonie Todkranker nachempfinden und sich in die Leiden hineindenken – Bewußtsein, gewonnen aus Erfahrung.

Ich sah die ersten Patienten sterben, ja, es war das erste Mal überhaupt, daß ich Menschen sterben sah. Gerade noch hatten wir mit einem Patienten gesprochen, uns dessen Leidensgeschichte angehört, und plötzlich war er nicht mehr da – statt dessen der Überrest eines menschlichen Lebens auf einem Krankenhausbett, diskret zugedeckt mit weißen Tüchern, bereit zum Abtransport von der Station. Das *kann* doch nicht alles sein, was von einem Leben mit all seinen Höhen und Tiefen, seinen Freuden, Hoffnungen und Enttäuschungen übrigbleibt! Es kann nur die Hülle, ein Gefäß, für die Essenz eines Wesens sein: den Geist! Solche oder ähnliche Gedanken belasteten, entdeckte ich bald, mehr oder weniger alle Menschen des Pflegepersonals.

Besonders beeindruckte mich die Art, wie eine unserer jungen Krankenschwestern mit Patienten, die im Koma lagen, sprach. Ein Patient, der Lungenkrebs und nur noch wenige Tage zu leben hatte, lag an einem Sauerstoffschlauch und war seit Tagen nicht mehr bei Bewußtsein. Die Krankenschwester reinigte jeden Morgen seinen Mund, wusch seinen Körper und erklärte ihm minuziös jeden Handgriff. »Herr B., jetzt wasch' ich Sie. Und jetzt spül' ich Ihnen den Mund aus. Und jetzt geb' ich Ihnen eine schmerzstillende Injektion – es tut nicht weh, aber es ist gut für Sie, damit nichts Ihnen weh tut.«

Ich verfolgte das fasziniert. Die junge Schwester sprach breitestes Hessisch und schien gleichwohl ein Engel zu sein. Ich fragte sie, warum sie denn dem bewußtlosen Patienten alles erkläre, und sie antwortete mit Bestimmtheit: »Weil er auch im Koma alles mitbekommt und meine Fürsorge spüren soll.« So war das also – sie war bestimmt ein Engel, nur wußte sie es nicht.

Viel zu schnell ging die Zeit des Praktikums vorbei. Aus einem einzigen Grund allerdings war ich froh aufzuhören: In letzter Zeit hatten sich bei mir dumpfe, lumbale Rückenschmerzen bemerkbar gemacht, die wohl auf das viele Herumlaufen auf der Station, das Schieben der schweren Betten, das Hochheben der Patienten beim Waschen zurückzuführen waren. Schmerzlich wurde ich mir des Alterungsprozesses meiner Knochenstruktur bewußt.

7

Schlüsselerlebnisse –
die Suche geht weiter

Bevor wir in einen längst geplanten Urlaub fuhren – Klaus war auf Geschäftsreise –, rief mich Gaby an, eine Freundin, die ich seit vielen Jahren kenne. Ich wußte, daß auch sie sich ernsthaft für Parapsychologie interessierte und auch schon Séancen eines Mediums beigewohnt hatte, bei denen sich ihren Versicherungen zufolge sehr Erstaunliches ereignet hatte. Trotzdem hatte ich nie das Bedürfnis verspürt, ebenfalls einmal da hinzugehen; mir kam alles, was sie mir erzählte, einfach zu »geisterhaft« vor.

Während ich nun mit ihr am Telefon sprach, fiel mein Blick auf das zufällig aufgeschlagene vor mir liegende Telefonbuch, und ich las geistesabwesend: Kelkheim – Hornauer Straße. In dieser Straße war übrigens der Salon meines früheren Friseurs gewesen: »Hättest du nicht Lust«, sagte Gaby, »heute abend mitzukommen? Das Medium ist da, ein Amerikaner. Du solltest dir das einmal ansehen.« Ich widersprach: »Du weißt, das interessiert mich kaum.« – »Aber vielleicht könntest du eine Privatsitzung vereinbaren und für dich persönlich Interessantes erfahren«, meinte sie. »Nun ja – vielleicht. Was müßte ich denn tun?« Meine Freundin erklärte mir, die Sitzungen würden von einer Dame geleitet, die sehr liebenswürdig sei; sie solle ich gleich anrufen. »Wo erreiche ich die Dame?« – »Sie wohnt in Frankfurt, in der Hornauer Straße.« – »Wo wohnt die Dame? Was hast du gesagt?« fragte ich verblüfft. »In der Hornauer Straße.«

Irgendwie war ich alarmiert. Es ist ja nur eine gleichlautende Straße! dachte ich mir. Und doch: hier bei mir zu Hause kommt sie mir unter tausend und aber tausend Adressen eines dicken Telefonbuches zu Bewußtsein, und im gleichen Augenblick wird sie mir vom anderen Ende der Leitung als Adresse zugespielt. Ich empfand das wie einen Wink mit dem Zaunpfahl.

Was ich dann an diesem Abend erlebte, beeindruckte mich

sehr. Das Medium, ein sympathischer Mann mittleren Alters, fiel in Trance und wandte sich, mit deutlich veränderter Stimme, sogleich an den kleinen Kreis der Sitzungsteilnehmer. Es ging um allgemein menschliche Probleme und im besonderen um die Begrenztheit unserer Wahrnehmung und somit unseres Bewußtseins. Diese von uns selbst aufgrund eingefahrener Denkgewohnheiten akzeptierte Begrenzung unserer Fähigkeiten würde uns hindern, höhere Wirklichkeiten zu erkennen, zu denen wir über die Psyche Zugang hätten. Manche Aussagen waren in ihrer Simplizität und ihrer möglichen Gültigkeit geradezu verblüffend. Ich konnte verstehen, warum meine Freundin so begeistert war.

Eine »persönliche Sitzung«, die tags darauf statt hatte, überraschte mich noch mehr. Das Medium fiel sofort in tiefe Trance. Ich hatte meinen Kassettenrecorder mitgebracht und schaltete ihn an. Nach einigen unverbindlichen Worten des Mediums hatte ich auf einmal den Eindruck, direkt über meinem Kopf eine völlig andere Stimme zu vernehmen, die voller Liebe und Güte zu mir sagte: »Wir freuen uns, mit dir Kontakt aufzunehmen, und finden es gut, daß dies mit Hilfe eines Mediums, das für uns als ›Kanal‹ dient, möglich ist. Wir, die ›Hüter des Lichts‹, beobachten dich seit deiner Geburt und freuen uns über deinen spirituellen Fortschritt. Wir beglückwünschen dich zu deinen Interessen. Mach nur weiter so! Nun kannst du persönliche Fragen stellen.«

Ich saß da wie ein kleines Mädchen, das eben vom lieben Gott persönlich angesprochen worden war. Mein Herz klopfte. Nach einer Atempause stellte ich Fragen, sehr persönliche. Die Antworten fielen so aus, als wäre mein Unterbewußtsein angezapft worden: sie setzten die Kenntnis meiner persönlichen Erlebnisse und Anliegen voraus, von denen außer mir wirklich niemand wissen konnte. Es war unglaublich.

Eine meiner letzten Fragen galt meinen noch immer anhaltenden Darmbeschwerden. Sie wurde beantwortet, bevor ich noch die Frage beendet hatte. Vieles davon sei meiner Psyche zuzuschreiben. Es seien da unbewußte Konflikte im Spiel, die, vom

Unterbewußtsein projiziert, ihren Niederschlag als Symptom auf der körperlich-materiellen Ebene finden. Diese Probleme fänden aber bald ihre Lösung. »Dein spastischer Darm hat nichts damit zu tun, was du ißt oder trinkst, ebensowenig mit deiner früheren Darmerkrankung (davon hatte ich nichts erwähnt!). Es ist«, sagte die Stimme über mir, »die physische Erscheinung eines inneren Zustandes, auch wenn dir das nicht bewußt ist.«

Bezüglich meines Studiums fragte ich noch, da mir sowohl wegen meines Alters als auch wegen der damit verbundenen körperlichen Anstrengungen gelegentlich Zweifel kamen: »Ist es meine Lebensaufgabe, Medizin zu studieren?«

»Es ist ein Teil davon«, kam prompt die Antwort. »Die Hauptaufgabe, die du dir in diesem Leben gestellt hast, ist deine spirituelle Entwicklung. Du sollst so viel lernen wie möglich, um anhand der Kenntnis der Naturgesetze die Gesetze des Geistes zu erkennen und diese Erkenntnisse weiterzugeben.«

Ich brauchte Tage, um dieses Erlebnis zu »verdauen«. Ein Schwindel war ausgeschlossen. Da wurden Antworten aufgrund eines Wissens gegeben, das mir selbst nicht bewußt, geschweige denn gegenwärtig gewesen war. Vom analytischen Verstand her konnte ich die Sache drehen und wenden, wie ich wollte – mir war da etwas äußerst Seltsames passiert, das man mit logischen, sagen wir: mit naturwissenschaftlichen Argumenten nicht erklären, aber auch nicht einfach wegdiskutieren kann.

Anders natürlich beurteilt dieses Erlebnis ein professioneller Parapsychologe. Einen solchen lernte ich über Vermittlung meines Verlegers kennen. Milan Rýzl, einer der Pionierforscher wissenschaftlicher Parapsychologie und Autor mehrerer einschlägiger Standardwerke (63, 64, 65, 66), selbst studierter Physiker und heute Professor für Parapsychologie an der John F. Kennedy University in Orinda, Kalifornien, erklärte mir, es handle sich da, sofern meine Tatsachenangaben richtig seien (wofür ich mich verbürge), schlicht und einfach um eine bemerkenswerte ASW-Leistung eines Sensitiven: Das Medium empfange aufgrund außersinnlicher Wahrnehmung (ASW) – volkstümlich Telepathie und Hellsehen – Informationen, die dem

Bewußtsein eines Dritten, im geschilderten Fall meiner Person, entstammen. Dabei könne es sich sowohl um bewußte wie auch unbewußte Bewußtseinsinhalte handeln. So komme denn der auf den ersten Blick verblüffenden Tatsache, daß der von mir befragte Sensitive über meine Krankheiten und Konflikte, meine höchstpersönlichen Wünsche und Anliegen Bescheid wußte, im Grunde nichts Außergewöhnliches, jedenfalls aber nichts »Übernatürliches« zu, nachdem das Phänomen und auch die dieses bewirkenden psychischen Mechanismen auf völlig natürliche Art erklärt werden können.

Folgt man diesem Forscher, so besteht die Aufgabe der Parapsychologie eben darin, unerklärlich scheinende Phänomene nach Kriterien all jener Forschungsmethoden, die – allerdings nach neuestem Stand, zum Beispiel der Physik – auch für den Naturwissenschaftler als gültig bekannt sind, zu erklären, frei von Selbsttäuschungen und Spekulationen.

Professor Rýzl zufolge ist immer Vorsicht am Platz bei der Beurteilung, wie, in welcher Form und mit welchem Inhalt, ein ASW-begabtes Medium die von ihm empfangenen Informationen oder eben Bewußtseinsinhalte subjektiv »interpretiert«; oft werden diese verzerrt dargeboten oder dramatisiert. Deshalb könne man aufgrund meines Erlebnisses nicht den Schluß ziehen, daß es die »Hüter des Lichts« tatsächlich gebe. Man könne aber auch nicht ausschließen, daß es in einem höherdimensionalen Universum des Geistes Wesenheiten gebe, zu denen wir über das Wunder unserer Psyche möglicherweise Zugang haben. Soweit dieser sympathisch tolerante, aber in Sachen Parapsychologie kühl-trockene Wissenschaftler.

Für mich war das alles äußerst aufregend und faszinierend. Dennoch entschied ich mich, Klaus nichts darüber zu erzählen. Wie hätte ich ihm all das, was zu erklären mir selbst schwerfiel, begreiflich machen sollen? Würde er nicht, wie er schon einmal sagte, um meinen Verstand fürchten? Unbeschwert von meinen Problemen und befreit von seinen Alltagssorgen fuhr er mit mir in den Urlaub.

Schöne, sonnige Tage im Tessin, zauberhafte Abende mit

Freunden bei italienischer Küche, Vino rosso; verträumter Blick auf den See – ich absorbierte die Schönheit der Natur sozusagen mit allen Sinnen. Dennoch mußte ich, nach all dem Traurigen, das ich in der Klinik gesehen hatte, oft daran denken, wieviel die unheilbar kranken Patienten unserer Klinik darum gäben, nur einmal noch in ihrem Leben einen solchen Urlaub erleben zu dürfen, wie bewußt und dankbar sie all den Zauber wahrnehmen würden. Mir kam dabei so recht deutlich zu Bewußtsein, wie oft wir doch soviel glücklichere Menschen uns wegen Geringfügigkeiten aus dem Gleichgewicht bringen und uns die Laune verderben lassen wegen Nichtigkeiten, die gegenüber dem Problem todkranker Menschen in keinem Verhältnis stehen!

Wir spielten in Magliaso täglich Golf. Klaus war glücklich, endlich Zeit dafür zu haben. Ich spielte mangels Übung in letzter Zeit zwar alles andere als gut, aber ich erfreute mich der Schönheit der satten, grünen Landschaft, der majestätischen Berge, der ganzen südlichen Blütenpracht.

Eine Woche vor Ende unseres Urlaubs spürte ich wieder diese dumpfen Schmerzen in meinem Rücken, klopfend, ziehend, bohrend. Ob ich's wohl an der Niere habe? dachte ich. Am nächsten Morgen kam ich kaum aus dem Bett hoch, so steif fühlte sich mein Rücken an. »Bambuswirbelsäule« fiel mir aus medizinischer Ecke ein. Dennoch fuhr ich zum Golfplatz mit. Nach neun Löchern kam ich aber kaum noch hoch, als ich mich bückte. Irgend etwas stimmte nicht. Den Rest des Urlaubs mußte ich mit anderen Freuden hinter mich bringen.

Wieder zu Hause fuhr ich sogleich zur Universität und erfuhr zu meiner Freude, daß ich die Praktika an drei aufeinanderfolgenden Tagen absolvieren konnte. Das bedeutete ein schönes langes Wochenende und viel Zeit zum Lernen und Vorbereiten. Doch am nächsten Tag kam ich infolge der Schmerzen im Rücken nur mühsam aus dem Bett und am Frühstückstisch kaum aus dem Sessel hoch. »Meine Studentin strotzt ja vor Fitneß«, meinte Klaus sarkastisch. »Ich mache meine Yogaübungen, sobald du aus dem Haus bist, und bin gleich wieder biegsam. Du wirst sehen!«

Gesagt, getan. Kaum war er fort – los ging's. Bei der dritten Übung gab es in meinem Rücken überdeutlich einen Knacks, und ich dachte, vor Schmerz fast blind: Jetzt hab ich mir das Kreuz gebrochen! Dann fiel mir ein: Tief Luft holen! Es geht schon wieder vorbei.

So war es aber nicht. Nach einiger Zeit, in der ich wie ein Häufchen Elend auf dem Boden lag, robbte ich mich rücklings in Richtung Telefon und rief ihn an – den Mann, der am ersten Tag nach dem Urlaub wieder im Büro und mitten in einer Mitarbeiterbesprechung war. »Du mußt nach Hause kommen!« – »Sehr passend«, meinte er trocken. Aber er kam angesaust, zusammen mit einer ebenfalls »alarmierten« guten Freundin von mir, die ganz in der Nähe wohnte. Zu zweit bekamen sie mich, die ich vor Schmerz brüllte, ins Bett. Klaus rief einen befreundeten Orthopäden an, der prompt kam.

Keiner von uns hätte gedacht, daß dieser Vorfall mich fast ein Jahr lang außer Gefecht setzen würde. Ich hatte mir eine Spondylolisthesis zugezogen: ein Wirbel war verschoben. Die kleinen Wirbelgelenke, die zusammen mit Muskeln und Bändern dem Halteapparat, der Wirbelsäule, Stütze geben, waren im Lumbalbereich arthrotisch verändert – eine Erscheinung frühzeitiger Abnutzung, vielleicht mitverursacht durch die Belastungen meines früheren Berufs. Wie viele Container habe ich in der Flugzeug-Gally gehoben, wie viele Koffer in meinem Leben auf Flugplätzen in aller Welt geschleppt; es gab nicht schon immer Koffer mit Rollen!

Das war's nun: Stützkorsett Tag und Nacht und Liegen, Liegen, Liegen. Einmal hatte ich das Gefühl, es ginge mir etwas besser, vielleicht würde ich sogar in die Vorlesungen gehen können (für die Praktika hatte ich mich längst abgemeldet). Kaum hatte ich den Gedanken im Geiste formuliert, blieb ich auf dem Weg ins Badezimmer mit der Zehe unter der Badezimmertür hängen und brach sie mir. Noch mehr Invalidität! Anscheinend sollte ich nicht mehr zur Universität gehen.

Nun haderte auch ich mit dem Schicksal. Alles, aber auch wirklich alles schien sich gegen mich verschworen zu haben.

Zudem waren auch noch liebe Freunde von uns weggezogen, die wir schmerzlich vermißten. Der Winter kam, und ich konnte kaum vor die Tür – kein Langlaufen, keine Spaziergänge im Schnee, überhaupt kein Sport!

Ich lag die meiste Zeit im Bett und las in »meinen« Büchern. Ich stellte mit Freuden fest, wie schön es ist, alle Zeit der Welt zum Lesen zu haben – ohne das ständig schlechte Gewissen, deshalb irgend etwas Wichtiges zu vernachlässigen oder zu versäumen. Viele Bücher, die ich immer schon hatte lesen wollen, las ich jetzt: Bücher von Graf Dürckheim, Lama Angarika Govinda, Ralph Waldo Emerson, Prentice Mulford, William James, Fritjof Capra, David Bohm, Rupert Sheldrake und vielen anderen. Sehr stark beeindruckt haben mich Joseph Murphys Werke über die Macht des positiven Denkens wie überhaupt die Macht des Geistes über den Körper und die Materie (46, 47, 48) sowie die seines japanischen Gleichgesinnten Masaharu Taniguchi (75).

Zum erstenmal wurde ich mir der Bedeutung und Tragweite der Quintessenz von Dr. Murphys wie auch von »Seths« Lehren bewußt: Der Mensch gestaltet durch sein Denken, Fühlen und Glauben seine Persönlichkeit, sein Leben, sein Schicksal. Warum also war ich krank?

Ich machte es mir daher zur Gewohnheit, bewußt nur positiv zu denken, möglichst wenig über meine Krankheit zu klagen und Schmerzen in der Hoffnung auf Besserung zu ertragen. Ich lehnte Idee und Überzeugung ab, mich als Invalide zu sehen.

Die Ärzte prognostizierten einen langwierigen Genesungsprozeß; die Rede war von drei bis fünf Jahren. Von einer Operation rieten sie alle vorläufig ab – künstliche Wirbelgelenke einzupflanzen sei diffizil und der Erfolg ungewiß. Umgekehrt lehnte ich wegen meines labilen Darms, außer für Notfälle, Chemotherapie ab; mir erschienen Neuraltherapie und biologische Entzündungshemmer zur Schmerzbekämpfung besser geeignet.

Meine stärkste Kraft zur Überwindung meiner Krankheit aber entfaltete ich, so glaube ich wenigstens, durch positives, aufbauendes Denken: Ich stellte mir immer wieder vor, wie meine

Chondrozyten, die Knorpelzellen, »fleißig« an den Locus der Degeneration »eilten« und wie die Osteoblasten, die knochenaufbauenden Zellen, im Wettkampf mit den Osteoklasten, den knochenabbauenden Freßzellen, jedes Match gewannen: die Osteoklasten konnten gar nicht so viele Knochen abbauen, wie die Osteoblasten wieder aufbauten. Ich stellte sie mir vor wie kleine Männchen, die mit Mörtel und Kelle neue wunderschöne Gelenke aufbauten. Was für ein Glück, wenn man Phantasie und von Anatomie eine Ahnung hat! Aus Henry G. Tietzes Buch *Imagination und Symboldeutung* (80) wußte ich aber auch, daß solche Imaginationstechniken ihre Wirkung haben. Eigentlich ging es mir wunderbar. Ich las und träumte, ich träumte und las.

Zu dieser Zeit brachte meine Mutter eines Tages aus Wien ein fabelhaftes Algengranulat mit, das ihre Internistin ihr nach Darmbeschwerden, die nach einer Gallenoperation aufgetaucht waren, verordnet hatte – mit bestem Erfolg. Ich nahm dieses Granulat, und nach einer Woche war mein Darm – vielleicht zum erstenmal seit Jahren – völlig ruhiggestellt und funktionierte wieder normal. Ob es nun das Algenpräparat war, die suggestive Aussage meiner Mutter, wie sehr es ihr geholfen habe, oder mein Glaube daran – es half. Das Medium hatte richtig prognostiziert, dieses Problem würde sich lösen. Vielleicht hatte ich auch durch das viele Liegen, die Ruhe, das Nachdenken, das Meditieren und Imaginieren meine Mitte gefunden. Jedenfalls war es angenehm, mich in ihr zu fühlen.

Der Winter ging zu Ende. Die Rechnungen für Bücher stiegen ins Astronomische. Klaus lächelte mit gequälter Geduld. Er war ein sehr hilfsbereiter »Krankenpfleger«, der mir immer in Liebe beistand, wenn es nötig war. Er ging einkaufen, da ich nichts Schweres tragen konnte, und besorgte mir aus der Stadt die Bücher, die ich gerne lesen wollte.

In diesem schönen Frühling brachte er mir gleich zwei neue »Seth-Bücher« Jane Roberts' mit. In der *Natur der Psyche – Ihr menschlicher Ausdruck in Kreativität, Liebe und Sexualität* (56) kommen Erkenntnisse zu diesen Themen durch, die schlechthin einfach revolutionär sind. In Jane Roberts' weiterem Buch *Die*

Natur der persönlichen Realität – Ein neues Bewußtsein als Quelle der Kreativität (57) werden so viele medizinische Fragen angeschnitten und medizinische Probleme erörtert, und zwar in einer Brillanz und Überzeugungskraft, daß ich nur sagen kann, daß solche Lehren an jeder Universität ein Gewinn für die Studenten wären.

Das richtige Buch zur richtigen Zeit, wie immer. Ich habe daraus viel für mich und meine Krankheit gelernt. Zum Beispiel, wie sehr – oft nur so hingedachte – Gedanken ihren Niederschlag im Leben finden können. Wie oft hatte ich doch, wenn ich mich meinen Verpflichtungen an der Universität, im Haushalt und gegenüber meinem berufsgestreßten Mann nicht mehr gewachsen fühlte, gedacht: Es wird zuviel, das bricht mir noch das Rückgrat! Dieses ohne Zweifel zerstörerische Vorstellungsbild hatte sich in meinem Fall buchstäblich im Wortsinn verwirklicht – vielleicht natürlich auch deshalb, weil meine Wirbelsäule ohnehin der »Locus minoris restistentiae« war, der Ort, der infolge degenerativer Prozesse schon geschwächt und daher am wenigsten widerstandsfähig war.

Ich hatte mir so »das Rückgrat gebrochen«. Anderen Menschen werden andere Gedanken zum Verhängnis einer Krankheit: Das dreht mir den Magen um! Mir steigt die Galle hoch! Der (oder die) bringt mich noch ins Grab! Psychotherapeuten und Mediziner der psychosomatischen Schule sprechen in diesem Zusammenhang von »Organsprache«. Das Organ reagiert dementsprechend. Ist es verwunderlich, daß jemand, der bei allen größeren und kleineren Belastungen des Alltags denkt: Das bricht mir noch das Rückgrat!, am Schluß an der Wirbelsäule geschädigt ist?

Immer mehr lernte ich solche geistig-seelische und körperliche Zusammenhänge sehen und erkennen. Nicht einfach ist dabei, solche Erkenntnisse auch in bezug auf sich selbst gültig zu finden. Vielleicht ist mir das gelungen. Meine eigenen Krankheiten erschienen mir nicht mehr als »Zufälle« oder »Schicksalsschläge«. Ich fühlte, daß die Bewußtmachung dieser Zusammenhänge für mich – und meine Genesung – entscheidend wichtig war.

Zu dieser Zeit stieß ich in der Fernsehbeilage der angesehenen Ärztezeitschrift *Medical Tribune* auf einen Bericht über einen Film mit dem Thema »Ärzte aus dem Jenseits«. Klaus Eckstein, ein Journalist des ZDF, hatte diesen Film in Brasilien gedreht. Dem Film zufolge führt ein brasilianischer Arzt, Schulmediziner, Internist, namens Dr. Edson Queiroz im Trancezustand Operationen durch, wobei seine Hand angeblich von »Dr. Fritz«, einem seinen Angaben zufolge im Ersten Weltkrieg gefallenen deutschen Arzt, geführt wird. So wurden vor Journalisten und Wissenschaftlern aus aller Welt Operationen ohne Anästhesie am Auge, Geschwulstentfernungen an der Brust, Eingriffe an der Wirbelsäule vorgenommen. Die Patienten, darunter als Zeugin eine brasilianische Krebschirurgin, spüren nichts, die Wunden bluten kaum, es gibt keine nachfolgende Sepsis.

Dr. Queiroz erklärt, in Trance für Dr. Fritz sprechend, viele Krankheiten, insbesondere Krebs, seien auf Engramme und Blockierungen im »feinstofflichen Energiekörper« zurückzuführen, jenem »Zweitkörper«, der, für unsere Sinnesorgane nicht wahrnehmbar, unseren physischen Körper durchdringe. Diese Engramme und seelischen Blockierungen gelte es zu eliminieren. Daher seien die »Operationen« am feinstofflichen Körper viel wichtiger und effizienter als schulmedizinische Eingriffe.

Den Film mußte ich natürlich sehen. Auf meine Bitte nahm Klaus, der am Abend der ZDF-Ausstrahlung aus geschäftlichen Gründen abwesend war, den Film auf Video auf. Ich war sehr beeindruckt, Klaus, der sich dank Videokassette den Film am nächsten Abend ansah, wohl auch. Natürlich war vieles, was da zu sehen war, naturwissenschaftlich nicht erklärbar. Man muß die Phänomene auch nicht unbedingt auf dem Boden einer spiritistischen Überzeugungen nahekommenden Sicht, wie dies vielleicht in dem erwähnten Film der Fall war, erklären wollen. Das menschliche Bewußtsein und die Fähigkeiten unserer Psyche sind viel wunderbarer und grandioser, als wir gemeinhin annehmen. Eine Ahnung davon hinterließ im vorurteilslosen Zuschauer auch dieser Film.

Einige Wochen später kamen wir im Kreis mit uns befreundeter

Ärzte auf diesen Film zu sprechen. Keiner von ihnen hatte den Film gesehen, aber Patienten hatten darüber erzählt. So lud ich die Anwesenden spontan zu einem »brasilianischen Abendessen« mit vorangehender Filmvorführung ein.

Eine Woche davor fragte ich Klaus eher beiläufig, ob die Kassette bei der Hand und in Ordnung sei – welche Frage an einen Sohn Preußens! Trotzdem suchte er nach ihr. Er fand sie aber nicht; die Kassette war verschwunden! »Die habe ich doch nicht irrtümlich überspielt«, sagte er. »Eher hat sie dein Dr. Fritz heimlich dematerialisiert!« Wir lachten belustigt – ich nicht zuletzt, weil sich dieser Mann der Naturwissenschaft und großer Skepsis bereits eines dem Film entliehenen »Geister«-Vokabulars bediente.

Wollte ich mich nicht bis in die Knochen blamieren, mußte aber der Film her! Und ich erhielt ihn freundlicherweise vom ZDF. Planmäßig fand das Abendessen statt, ebenso die Vorführung des Films. Er führte begreiflicherweise zu kontroversen Diskussionen. Doch im wesentlichen erklärten sich unsere Gäste als »überfordert«. Zugegeben, man wisse zuwenig. Die Fragen mündeten jedoch in Bereiche der Geisteswissenschaften und diese seien für Naturwissenschaftler eben immer noch abenteuerlich.

Das Wochenende darauf verbrachten wir bei meinen Schwiegereltern in Bad Godesberg. Wir aßen in einem schönen Rheinhotel zu Mittag an einem Tisch mit Fensterblick auf den Rhein. Beide fast schon achtzigjährig, beschäftigten sie zunehmend Fragen, die das »Danach« betreffen. Deshalb erzählte ich ihnen von dem Fernsehfilm, von dem brasilianischen Arzt und seiner Trancepersönlichkeit »Dr. Fritz«. Kaum hatte ich den Namen ausgesprochen, stieß mich Klaus unter dem Tisch an und sagte: »Guck mal zum Rhein hinunter!« Ich traute meinen Augen nicht: Stromabwärts fuhr ein Schlepper, auf dem groß und deutlich in Blockbuchstaben stand Unser Fritz. Wir lachten laut, fanden es komisch, aber auch etwas unheimlich – Zufall oder Koinzidenz?

Natürlich bleibt – für Sie und mich – die Frage offen, wer oder was dieser »Dr. Fritz« sei, der sich im Trancezustand des genannten Arztes manifestiert. Ist er wie Seth, Jane Roberts' Trancepersönlichkeit, vielleicht ebenfalls ein »Energiepersönlichkeitskern, der nicht mehr in seiner physischen Form zentriert ist«? Und wenn er das wäre, kann er dann anleitend und helfend auf Vorgänge in dieser Erscheinungswelt einwirken? Kann er Menschen – wie Sie und mich – nicht nur anleiten und geistig beeinflussen, sondern ihnen auch in körperlicher Not zu Hilfe kommen – als tatsächlich eine Art »jenseitiger Helfer«, den wir als Kinder einen Schutzengel genannt hätten?

Einmal ertappte mich Klaus bei einer halblaut ausgesprochenen Bitte, über die er, mittlerweile abgeklärt, nur nachsichtig lächelte: »Lieber Dr. Fritz, wenn mein Rückenproblem ein Engramm oder eine geistig-seelische Blockade ist, dann wäre es wunderbar, wenn Sie für mich etwas tun könnten. Ich würde ja schon ganz gerne wieder in alter Gelenkigkeit durch die Gegend flitzen und das Medizinstudium fortsetzen.« Ich war trotz des Frühsommers, der sich von seiner schönsten Seite zeigte, oft traurig und niedergeschlagen, weil ich infolge meines Rückenleidens all die Pläne und Träume, die ich mit soviel Begeisterung glaubte verwirklichen zu können, vereitelt sah.

Zu dieser Zeit bekam ich das Buch *Der Mann mit den zwei Leben* (44) geschenkt. Der Autor Robert A. Monroe, ein völlig »normaler« erfolgreicher Geschäftsmann, beschreibt darin »Reisen außerhalb des Körpers«, die er im halbwachen Zustand machte. Er hatte dabei das Gefühl, mit seinem »Körper« vollbewußt durch Wände zu gehen, an fremde Orte zu reisen, dort andere Menschen zu beobachten und »in andere Dimensionen des Daseins« einzudringen. Tatsächlich vermochte er in allen Einzelheiten zu schildern, was zum Beispiel fernab wohnende Bekannte genau zur Zeit seiner »Reise« taten. Die Überprüfung dieser Einzelheiten ergab die Richtigkeit seiner Schilderungen. Er selbst folgert aus solchen Erfahrungen, daß es neben unserem physischen einen Zweitkörper, nämlich einen »feinstofflichen Körper«, geben müsse.

Von einem »feinstofflichen Energiekörper« hatte ja auch

schon Dr. Fritz gesprochen. Aber noch viel mehr war ich bei der Lektüre von Monroes Berichten wegen der Ähnlichkeit mit meinen eigenen Erfahrungen überrascht, die ich, wie bereits geschildert, damals im Krankenhaus während der Bauchoperation wie auch bei meinem Autounfall gemacht hatte. Als ein dem Erlebnis nach vom Körper getrenntes Bewußtsein sah ich meinen eigenen physischen Körper an. Vielleicht ist es richtiger und einleuchtender, in diesem Zusammenhang – anstatt von einem »feinstofflichen Körper« – einfach von Bewußtsein zu sprechen; so kommt es mir jedenfalls vor. Auch läßt sich das leichter sowohl mit der Seth-Literatur als auch mit der vorherrschenden Erklärung der Wissenschaft (auf die ich gleich zurückkommen werde) vereinbaren. Auffallend ist übrigens auch die Tatsache, daß ich meine außerkörperlichen Erfahrungen beide Male unter lebensbedrohenden Umständen machte. Diese scheinen unsere geistig-seelischen Fähigkeiten und Kräfte in einem besonderen Maß zu aktivieren.

In der vorwissenschaftlichen Strömung des Spiritismus wurden derartige Erfahrungen »Astralwanderungen« oder »Astralexkursionen« genannt. Die Parapsychologie bezeichnet das Phänomen als »außerkörperliche Erfahrung« (AKE).

Nach in dieser Wissenschaft vorherrschender Meinung, zum Beispiel auch der von Prof. Dr. Milan Rýzl vertretenen These zufolge, handelt es sich dabei um eine – nur vom Erlebnisgefühl des Sensitiven her unterschiedliche – Form der außersinnlichen Wahrnehmung (ASW), die in der parapsychologischen Fachliteratur bisweilen auch als »reisendes Hellsehen« bezeichnet wird.

Diese Klarstellungen flechte ich hier in der Absicht ein, Begriffsverwirrungen vorzubeugen. Ich meine aber, daß alles das, wie immer man es nennt, besonders interessant ist, weil es die grandiosen Eigenschaften unseres Bewußtseins (im weitesten Sinne) und das vorerst von vielen Menschen noch nicht entdeckte, noch nicht akzeptierte Wunder unserer Psyche demonstriert.

8
Der Weg ist das Ziel

Nach der Niederschrift der vorstehenden Ausführungen las ich in Jane Roberts' Buch *Das Seth-Material – Ein Standardwerk esoterischen Wissens* (58). Ich kann diese Quelle geistiger Entdeckungen und zeitloser Weisheit, die mir neue Perspektiven eröffnet hat, nur jedermann empfehlen. Es hat mir über Zeiten der Traurigkeit und des geschilderten Gefühls der »Zukunftslosigkeit« hinweggeholfen. Während ich las, vernahm ich plötzlich einen dumpfen Schlag auf die Glasscheibe unserer Terrassentür, und ein kleines Etwas flog mitten in einen blühenden Hortensienbusch und landete in dem Terrakottatopf. Ich sprang erschrocken auf. Ein graues Vögelchen lag starr wie tot mit aufgesperrtem Schnäbelchen und ausgebreiteten Flügeln in unserem Blumentopf. Durch mein Hirn schoß blitzartig alles, was ich je über geistiges Heilen gehört und gelesen hatte, und ich wünschte inbrünstig: Vögelchen, du darfst nicht sterben!

Ich richtete die ganze Kraft meines Denkens und Fühlens auf das Vögelchen, stellte mir seine Seele vor (bei Yogananda hatte ich einmal so etwas gelesen, eine Geschichte mit einem Reh) und sagte zu dem winzigen Lebewesen immer wieder: »Du bist gesund, du kannst fliegen.« Ich fühlte eine tiefe Liebe für dieses kreatürliche Wesen und rief laut (gemeint waren wohl die »jenseitigen Helfer«): »So helft doch!« In diesem Augenblick bewegte sich das Vögelchen, zog die Flügel an und flog – nicht auf den Baum hinüber, sondern zu unserem Wohnzimmer auf ein grünes Barockglas, das auf einem Sims steht.

Wie war ich erleichtert! Ob ihr »von drüben« geholfen habt oder nicht – danke! Doch was nun? Ich rief Klaus am Messestand in Düsseldorf an. »Was soll ich jetzt mit dem Vogel tun? Er sitzt starr, mit geschlossenen Augen auf einem unserer alten Gläser. Vielleicht will er da sterben?« Klaus lachte. »Du bist wirklich unmöglich! Nimm vorsichtig das Glas und trag es hinaus! Vielleicht fliegt er dann von alleine weg.«

Herzklopfend näherte ich mich dem zitternden Wesen. Ich erinnerte mich an den Unfall des Jungen. Beruhigend sprach ich ihm zu: »Vögelchen, du bist gesund, du kannst fliegen.« Dann trug ich das Glas auf die Terrasse. Das Vögelchen rührte sich nicht. Ich stellte das Glas in die Blumenkästen an den Rand der Terrasse und sagte wieder: »Vögelchen, jetzt bist du ganz gesund, flieg auf den Baum hinüber.« Und in diesem Augenblick ließ die Starre nach, das Vögelchen hob die Flügel an und flog auf unsere alte Tanne.

Ein lange nicht mehr empfundenes Glücksgefühl durchströmte mich, fast so wie damals, als mir der Studienplatz in Medizin zuteil geworden war. Ich sprang auf, und Gedanken schossen wie Blitze durch meinen Kopf. Mir kam es vor, als hätte der unsterbliche Geist allen Lebens für mich ein kosmisches Drama aufgeführt. Ich verstand, daß ich nicht den geringsten Grund hatte, traurig zu sein, daß im Pulsschlag des Lebens nach jedem Tief wieder ein Hoch folgen würde, nach jedem »Tod« eine »Auferstehung« – genau so, wie es im Schrifttum aller Religionen gelehrt wird. Doch dann auf einmal leuchtete eine völlig neue Idee in mir auf: Ein Buch mußt du schreiben! Umsetzen, was du gelesen und gelernt hast!

Ich habe immer gerne Briefe geschrieben, meine Gedanken zu Papier gebracht. Aber ein Buch? Einen Hellseher müßte ich befragen können, ob meine Idee absurd oder sinnvoll sei! Ich hatte den Gedanken kaum zu Ende gedacht, da läutete das Telefon. Es war meine Freundin Silke, von Beruf Psychologin und schon deshalb wie ich an Phänomenen außersinnlicher Wahrnehmung interessiert. Ich freute mich über ihren Anruf und schlug ihr vor, sie solle doch am nächsten Abend zum Essen kommen. Ob sie Elisabeth mitbringen könne? »Ja, natürlich«, sagte ich, »ich freue mich.«

Silke erkundigte sich sogleich nach meinem Befinden – ob ich die Trauer um das verlorene Studium hinter mich gebracht hätte und wie es meinem Rücken ginge. Aufgrund ihrer Frage fiel mir plötzlich auf, daß ich meinen Rücken überhaupt nicht gespürt hatte, ja ich war den ganzen Tag ohne Korsett herumgelaufen.

»Mir geht's wunderbar«, sagte ich zu Silke. »Ich habe keine Schmerzen mehr. Und weißt du, vielleicht schreibe ich ein Buch.« »Ein Buch – und worüber?« Ich sagte ganz spontan: »Über die Natur unseres Bewußtseins.« Da läutete es. Es war Elisabeth. Ich verstand mich mit dieser Freundin Silkes, die ich seit langem kenne, immer schon sehr gut.

Kaum war unser Essen beendet, ließen die beiden »die Katze aus dem Sack«: »Anstatt zu reden«, sagte Silke, »machen wir, wenn du nichts dagegen hast, lieber einmal einen Versuch – den Versuch einer Séance!« Und da ich nicht protestierte, räumten die beiden die Tischdecke weg und legten auf dem ovalen Mahagonitisch rundum mit den Buchstaben des Alphabets beschriftete quadratische Zettelchen aus, etwa in der Größe von zehn mal zehn Zentimetern, daneben ebensolche Zettelchen mit den Zahlen Null bis Neun und rechts und links je ein Zettelchen mit Ja und Nein.

Mittlerweile war es zehn Uhr abends. Es war eine Vollmondnacht wie im Bilderbuch. Wir waren wie losgelassen, benahmen uns wie Pensionatsmädchen, lachten und scherzten. Elisabeth, von Beruf Juristin, meinte: »Wenn mich meine Kollegen so sehen würden!« »Und mich erst meine Patienten!« ulkte Silke sie nach und setzte ein Clownsgesicht auf. Silke bat um ein Weinglas. Ich gab ihr eines – Erbstück aus der Familie meines Mannes (wenn Klaus das mitansähe!) –, und Silke stellte es umgekehrt in die Mitte des Tisches. Dann erklärte sie uns, wir sollten eine jede einen Finger daraufhalten, ganz leicht nur, dürften aber die Ellbogen nicht aufstützen. Dabei sollten wir uns gedanklich darauf einstellen, daß irgendein Wesen, vielleicht ein jenseitiges, ein Geist, sich manifestieren und uns etwas sagen würde.

Wir konzentrierten uns, warteten. Fünf Minuten, zehn Minuten – die Arme taten weh. Wir wechselten den Finger. Wieder fünf Minuten. Unsere Pendeluhr tickte vor sich hin, rhythmisch, monoton. Und da auf einmal bewegte sich das Glas! Die Bewegung war zunächst ganz langsam, dann schneller. »Glas, willst du uns etwas sagen?« fragte Silke. »Wer bist du?« Das Glas fing an, sich auf die Buchstabenzettelchen hin zu bewegen und buchstabierte uns den Geist eines »Opas« vor – des Opas einer Freundin von uns, an die wir den ganzen Tag nicht gedacht hatten. Der Opa bat uns eindringlich, seiner Enkelin zu helfen, da ihr Mann bald sterben würde. Wir sollten sie wissen lassen, das es keinen Tod gebe und sie sich dem Leben nach dem Tode zuwenden solle, damit der Schmerz sie nicht zu hart träfe.

Wir waren zutiefst betroffen. Was wir eher als Scherz und aus purer Neugierde begonnen hatten, endete so! Betreten schauten wir uns an. Wir stellten noch einige Fragen zur eindeutigen Identifizierung der Familie. Es war die unserer Freundin, zweifellos. Wir versprachen einander zu helfen, wenn es wirklich dazu kommen und nötig sein sollte.

Dann bewegte sich das Glas wieder. »Möchtest du uns noch etwas sagen? Ist da noch etwas?« fragte Silke. Das Glas glitt ohne unser Dazutun zu dem Zettelchen mit »Ja«. »Wem möchtest du etwas sagen?« Das Glas bewegte sich auf mich zu. »Betrifft es mich persönlich oder meine beruflichen Ambitionen?« fragte ich. »Arbeit«, buchstabierte das Glas. »Was willst du mir sagen?« Klar und deutlich buchstabierte das Glas: »Buch schreiben.«

Silke und ich schauten einander verblüfft an – ich hatte ihr ja eingangs des Abends eröffnet, ich würde vielleicht ein Buch schreiben. Doch es ging noch viel weiter. »Worüber soll ich ein Buch schreiben?« fragte ich. Und eindeutig kam die Antwort: »Bewußtsein.« Und dann die Rekapitulation: »Buch schreiben. Über das Bewußtsein.«

Die weiteren Durchsagen galten Silke und Elisabeth. Auch ihnen wurde erstaunliches Wissen um ihre geheimsten Wünsche vorbuchstabiert. Es war weit nach Mitternacht, als wir uns, müde und betroffen, voneinander verabschiedeten. Silke brachte uns, bevor sie ging, noch zu Bewußtsein, welch »seltsame Mischung« interessierter Menschen unterschiedlicher Berufe ein und dieselbe Erfahrung gemacht hatte: eine Juristin, eine Psychologin und eine verhinderte Medizinerin. Kann jemand uns als geistig unzurechnungsfähig erklären?

Am nächsten Morgen setzte ich mich an die Schreibmaschine

und schrieb. Ich schrieb und schrieb und schrieb. Mein Hirn war übervoll, es schien wie ein Trichter, in den »oben« Bewußtseinsinhalte hineingeschüttet würden, die »unten« als Texte, manuell auf der Schreibmaschine getippt, herauskamen. Und mit dem Schreiben, mit der Niederschrift des Manuskripts zu diesem Buch ist, glaube ich, die eigentliche Transformation meines Bewußtseins erst vor sich gegangen

Klaus, dem ich dieses einer Ouijabrett-Erfahrung ähnliche Erlebnis erzählte, meinte: »Wenn ich euch alle drei nicht so gut kennen würde, müßte ich an eurem Verstand zweifeln. Doch ich kenne euch und glaube euch. Dir viel Erfolg. Ich verzichte gern auf Paschaallüren und hausgemachte Abendessen. Schreibe ruhig, wir können ja auch im Klub oder im Gasthaus essen gehen.« Für sein Verständnis danke ich ihm.

Diese meine persönliche Geschichte ist gleich zu Ende. Bevor ich sie beschließe, muß ich nochmals auf mein Medizinstudium zurückkommen. Meine Rückenschmerzen waren wie weggeblasen. Das Korsett hatte ich nicht mehr angezogen – es ging plötzlich ganz ohne dieses Folterinstrument. Hätte ich nur nicht exmatrikuliert! dachte ich. Dann hätte ich vielleicht doch noch das Anatomie- und Physiologiepraktikum machen können. Schon vergangenen Herbst hatte ich unter Hinweis auf die Langwierigkeit des Heilungsprozesses an die Universität geschrieben und aus gesundheitlichen Gründen exmatrikuliert. Längeres Stehen war mir unmöglich, in der ärztlichen Ausbildung ist das aber notwendig.

Eine Woche später kam ein Brief von der Universität. Er enthielt einen Anmeldeschein für das Praktikum in Anatomie und Physiologie – genau für die beiden Kurse, die ich so gerne noch gemacht hätte! Ich fuhr sofort zum Klinikum und fragte die Sachbearbeiterin, ob sie denn meinen Brief mit der Bitte um Exmatrikulation nicht erhalten habe. Sie meinte, abgründig lächelnd: »Ja doch. Aber ich... hatte damals viel zu tun, und eine innere Stimme sagte mir, ich solle den Brief in den Papierkorb werfen und Ihnen den Schein für die Anmeldung im nächsten Semester noch einmal zuschicken.« Ich fiel ihr spontan um den Hals. »Sie sind ein Engel! Ich werde pünktlich da sein.«

Mit den auf diese fast schicksalshafte Weise gesicherten Kursen in Anatomie und Physiologie sah ich einen tiefen Wunsch erfüllt. Übergroß war meine Neugierde, in den Menschen hineinzuschauen, um Lebensvorgänge zu verstehen, um mir die Funktion des Gehirns und des Nervensystems besser vorstellen zu können, sozusagen die Hardware unseres Computers Gehirn, die phänomenale Bewußtseinspumpe unseres Daseins, kennenzulernen.

Selbst wenn ich nicht Ärztin werden sollte, weil ich vielleicht wirklich zu alt bin, konnte ich doch all das lernen, wonach ich mich gesehnt habe, und ich konnte in der Mitte des Lebens neue geistig-seelische Erfahrungen machen, von denen ich zehn Jahre zuvor noch nicht einmal zu träumen gewagt hätte.

Und dennoch hatte ich ja geträumt! Meine Träume als Ausdruck meiner Wünsche sind erhört worden – irgendwo in den kosmischen Sphären, wo ein allumfassendes universelles höheres Bewußtsein vorhanden sein muß, das alles sieht, alles hört, alles weiß – und wohl Gott ist. Wenn Wunder das Wunderbare sind, das einem Menschen widerfährt, dann habe ich an mir Wunder erfahren, weil ich daran glaubte. Vor allem aber entdeckte ich aufgrund meiner Suche nach dem Sinn des Lebens und kraft Glaubens das Wunder unserer Psyche, deren immense Fähigkeiten und Kräfte. Ich hoffe, dieses Wunder werden auch Sie für sich entdecken.

Antoine de Saint-Exupéry, der das Abenteuer des Fliegens dichterisch zu verklären verstand, erklärt in seinem schönen Büchlein *Der kleine Prinz* (68) einen entscheidenden Ausschnitt des Wunders der Psyche so: »Man sieht nur mit dem Herzen gut.« Und Carlos Castaneda drückt es in seinen *Lehren des Don Juan* (7) folgendermaßen aus: »Für mich gibt es nur das Gehen auf Wegen, die Herz haben, auf jedem Weg gehe ich, der vielleicht ein Weg ist, der Herz hat. Dort gehe ich und die einzige lohnende Herausforderung ist, seine ganze Länge zu gehen. Und dort gehe ich und sehe und sehe atemlos.«

Zweiter Teil:
ERKENNTNISSE UND EINSICHTEN

9

Bewußtsein, Psyche, Gehirn

Es gibt ein irrationales, inneres psychisches Leben, das sogenannte
»geistige« Leben, von dem mit Ausnahme einiger »Mystiker«
fast niemand mehr etwas weiß oder wissen will.

CARL GUSTAV JUNG

Klassische Schulpsychologie definiert das Bewußtsein als das
»unmittelbare Gegenwärtighaben von Erlebnissen, allgemeiner
auch: die Fähigkeit zu solcher Vergegenwärtigung und damit
zugleich zu vorausschauendem Lenken des Handelns.« (22/61)
Diese Begriffsbestimmung beschränkt sich auf eine Erklärung
im Vorhof rein rationalen Denkens. Bewußtsein ist jedoch viel
mehr, als was uns gängige Schulpsychologie erklärt.

In jüngster Zeit hat Louis von Zschock in seinem Werk *Zu
neuen Seinsdimensionen* sehr schlüssig auf diese Tatsache hingewiesen. »Bewußtsein ist«, erklärt er »keineswegs, wie die herr-
schende Wissenschaft lehrt, nur eine Eigenschaft komplexer
materieller Strukturen, die in einem bestimmten Stadium der
biologischen Evolution in Erscheinung getreten ist. Bewußtsein
ist von der Materie, vom Körper, vom Gehirn, unabhängig und
nicht in einem Raumzeitkontinuum angesiedelt. Es ist nicht
Körper, ist nicht Seele, ist nicht Geist; es gehört jedoch der
ewigen Geistessphäre an... Es ist nie konstant, immer fluktu-
ierend, stets im Wandel und in mehreren Realitäten gleichzeitig
beheimatet und hat die Tendenz, Individualität zu konstituieren
und zu perpetuieren, also sowohl zu schaffen als auch aufrecht-
zuerhalten... Bewußtsein hat vor den Atomen und Molekülen
existiert. Bewußtsein hat die Stoffwelt geschaffen. Kosmisches
Bewußtsein, also ein Bewußtsein, dem sämtliche Daten aller
materiellen und geistigen Universen gegenwärtig sind, ist nur
Gott zugänglich.« (86/199 f.)

Mit diesen Ausführungen des zitierten Autors soll der Defini-
tion der Schulpsychologie keineswegs eine andere oder neue

Begriffserklärung entgegengesetzt werden, sagt doch der Verfasser selbst, daß es sich dabei nur um »einige auf den ersten Blick ziemlich provozierende Leitsätze« handelt zum Thema Bewußtsein, das er in seinem ebenso faszinierenden wie auch umfassenden Werk zu erklären versucht. Deutlich tritt aus seinem Werk zutage, daß er Jane Roberts' »Seth-Bücher« nicht nur kennt, sondern auch als Quelle inneren Wissens sondergleichen einschätzt. Von diesem »inneren Wissen« wird noch ausführlich die Rede sein.

Auch nach der von der medizinischen Wissenschaft heutzutage vertretenen Lehre ist Bewußtsein nicht mehr als die Summe der als gegenwärtig empfundenen geistig-seelischen Vorgänge. Ihr haftet der schon erwähnte Mangel der Beschränkung auf das rational Faßbare an. Sein erkennendes Bewußtsein unterscheidet den Menschen vom Tier. Er ist nicht bloß eine von Trieben und Instinkten beherrschte Kreatur, sondern ein erkenntnis- und entscheidungsfähiges geistiges Wesen.

In der Symbolsprache der biblischen Offenbarung heißt das: »Gott hauchte dem Menschen seinen Geist ein und schuf ihn so zu seinem Ebenbild.« Dieser »eingehauchte Geist« ist das Göttliche im Menschen und auch sein »Gewissen«, das latent immer weiß, wann der Mensch sich von der Gottes-Ebenbildlichkeit entfernt. Gott ist ja der Inbegriff nicht nur unendlicher Schöpferkraft (das Göttliche), sondern auch unendlicher Liebe und Güte (das Gewissen). In der gesamten uns bekannten Schöpfung verfügt nur der Mensch über die Fähigkeit, höchste Gemütsqualitäten wie Liebe, Güte, Mitleid, Hilfsbereitschaft und Dankbarkeit bewußt auszudrücken.

Vergleicht man die Struktur des Menschen mit der Struktur eines Atoms, »könnte man sagen, dem Atomkern entspreche der Wesenskern der Individualität ... Analog wäre dann die Atomhülle unser Körper, der vom Kern gesteuert wird – der Kern entspräche dem Bewußtsein«. (12/31)

Die naturwissenschaftlich orientierte medizinische Psychologie akzeptiert heutzutage auch den Begriff des Unbewußten. Für den Wiener Arzt und Psychoanalytiker Sigmund Freud (1856–

1939) sind die Inhalte des Unterbewußtseins, obwohl diese sich metaphorisch auch autonom agierend äußern können, im wesentlichen nichts anderes als der (nicht örtlich aufzufassende) Sammelort aller verdrängten und vergessenen Erfahrungen und Impulse, somit unterdrückter Bewußtseinsinhalte. Dem persönlichen Unbewußten als der Summe individueller psychischer Erfahrungen steht seit dem Arzt-Psychologen Carl Gustav Jung (1875–1961), dem Schrittmacher des Begriffs, das »kollektive Unbewußte« gegenüber. Es ist »kollektiv«, weil es nicht individueller, sondern allgemeiner Provenienz ist. Die Inhalte des kollektiven Unbewußten bilden Archetypen. Das sind urtümliche Symbolfiguren, die seit Urzeiten im Unbewußten der Menschen vorhanden und wirksam sind. Archetypische Figuren sind zum Beispiel der Vater, die Mutter, der Lehrer, der Arzt, der Priester, aber auch die Hexe, die Dirne, der Verräter.

Jungs Archetypen des kollektiven Unbewußten erinnern zweifellos an Platons Ideenlehre. Dem griechischen Philosophen Platon (427–347 v. Chr.) zufolge sind die Ideen die »Urgestalt« der sinnlich erfahrbaren Dinge (griechisch *Eidos*) und machen überhaupt erst deren Sinngehalt aus. Da sie »über den Sinnen stehen« und unveränderlich sind, werden sie, wie er in dem berühmten Dialog *Timaios* (52) darlegt, nicht durch Erfahrung, sondern durch Besinnung, das heißt durch »Erinnerung« der Seele an einen früheren Zustand, erfaßt. Nach Platon ist das Verständnis der Naturvorgänge die Deckung präexistenter innerer Bilder der menschlichen Psyche mit äußeren Objekten und deren Verhalten. Das erscheinende Weltall in seinen materiellen Formen, in seinem Bewußtsein, seinem Leben und Begehren ist dann ein Götterbild.

Philosophie bedeutet für Platon die Fähigkeit, die Welt der Ideen zu begreifen, jene Welt der immateriellen Wesenheiten und Formen, die die eigentliche und einzig wahre Wirklichkeit verkörpert, während die Welt der uns umgebenden und sichtbaren Dinge nur ein verschwommenes und tristes, vergängliches und hohles Scheinbild der Wirklichkeit darstellt. Nur das Wissen um die Welt der Ideen macht den Menschen fähig, weise zu handeln. Die Maßstäbe für eine richtige Lebensführung ergeben sich daher für Platon aus den Gesetzen, die das Universum der Ideen ordnen. Zugleich erkannte er aber auch die Unvollkommenheit und Unzulänglichkeit allen Wissens, das uns durch die Sinneseindrücke und durch dargebotene »Meinungen« zugetragen wird.

Seine Ethik verbindet die Fragestellungen des Sokrates, seines Lehrers, mit der von ihm selbst bezeichneten Idee des Gültigen, des »Guten«, das heißt des sittlich »Schönen«, und unterscheidet diese von allen sinnlich faßbaren Werten, die relativ sind. Diese beherrschen das veränderliche »Begehren«; jenes »Gute« aber bleibt und wird von Platon als das »göttliche Weltprinzip« angenommen. Um den Weg zu ihm offenzuhalten, soll daher in der Seele das Geistige über das Begehren der Triebnatur herrschen. Dann nur ergibt sich auch als rechte Ordnung die »Grundtugend der Gerechtigkeit«.

Aus Platons Schriften ergibt sich auch, daß Sokrates in Verbindung mit einer Wesenheit stand, die er seinen »Daimon« nannte. Sokrates hat sich oft auf diesen Daimon berufen, der ihn sein ganzes Leben hindurch begleitet und ihn vor herannahenden Gefahren gewarnt hatte. Was die Griechen aber unter einem Daimon verstanden, verkümmerte später in der deutschen, englischen und französischen Sprache zum Begriff »Dämon«, mit der Bedeutung nur noch eines bösen Geistes. Altgriechisch bedeutet das Wort Daimon primär aber göttliches Wesen oder Schutzgott; heute würde man es eher etwa mit »Geistlehrer« übersetzen. Dieser Geistlehrer lehrte jedenfalls Sokrates bis in die letzten Jahre seines Lebens. Sokrates (469–399 v. Chr.) leerte als Siebzigjähriger im Gefängnis den Schierlingsbecher; er starb – erinnern wir uns –, weil seine ethischen Lehren nicht in das Konzept der herrschenden Politiker paßten.

Auch Carl Gustav Jung berichtet in seinen Schriften von einer Art geistigem Lehrer; er nannte ihn »Philemon« und bezeugt, daß ihn diese andere Wesenheit seiner Psyche nachhaltig inspirierte. Zu Sigmund Freud sagte C. G. Jung: »Was mich betrifft, so existiert ein närrischer Mystiker in mir, der sich als stärker erwiesen hat als alle Wissenschaft. Ich bin bereit, alles aufzunehmen, womit sich der menschliche Geist beschäftigt, und ich bin auch bereit, danach zu forschen, ob nicht doch ein Körnchen Wahrheit darin enthalten ist. Ich weiß, daß Sie sich nicht für Parapsychologie interessieren, aber ich will die ganze Welt umfangen und nicht nur einen kleinen Teil von ihr... An unberührten Sandbänken des Zürcher Sees suche ich den ganzen Tag nach versteckten Quellen, setze sie frei und grabe ein ganzes Netz von Wasserstraßen, während ich gleichzeitig nach den verborgenen Quellen meines Bewußtseins suche. Dann sprudeln die Gedanken kühl und klar aus den unterirdischen Brunnen. Ich kehre mit neuen Einsichten, neuen Erkenntnissen, neuen Theorien an meinen Arbeitsplatz zurück und bringe sie zu Papier. Ich liebe dieses unbewohnte Ende des Sees. Dort in der Stille und Schönheit der Wiesen vor dem Hintergrund der schneebedeckten Berge kommen all meine unterdrückten Energien und meine ganze Schöpferkraft in Fluß.« (74/609)

Die Urgestalten Platons und die Archetypen C. G. Jungs finden in den Kulturen der Naturvölker ihre Entsprechung in den Stammeslehren, wo die unbewußten Inhalte sich oft in magischen Formeln und Ritualen niedergeschlagen haben, die dann der Tradition entsprechend als Geheimlehren und -riten weitergegeben werden. Die Inhalte des kollektiven Unbewußten der Menschheit fanden aber vor allem ihren Ausdruck in den bei allen Völkern und in allen Kulturen vorhandenen Mythen und Märchen, die oft über Jahrhunderte, bisweilen über Jahrtausende hinweg überliefert wurden und heute noch ihre zeitlose Gültigkeit beweisen.

Sehr häufig ranken sich auch Traumgeschehen oder kraft außersinnlicher Wahrnehmung (ASW) gewonnene Visionen um archetypische Figuren oder, breiter angelegt und oft symbolisch verschlüsselt, um archetypische Vorstellungen. Solche unbewußte Inhalte erfahren dann im Zuge der Bewußtwerdung Veränderungen im Sinne des individuellen Bewußtseins, in dem sie auftauchen.

Anscheinend bedient sich die Psyche bestimmter hypothetischer Grundmuster, die etwa dem der Biologie bekannten »Verhaltensmuster« entsprechen oder der »Matrix« der Medizin, dem Muttergewebe, histologisch der amorphen Grundsubstanz, in die eine Struktur eingelagert ist, wie zum Beispiel der Keimschicht. Auf dieser Grundlage spielen sich die psychischen Manifestationen ab, die das Wesen der Seele und deren unbewußte Konflikte und Dramen zum Ausdruck bringen. Die menschliche Psyche enthält somit, so könnte man sagen, eingeboren all jene Vorstellungsbilder, aus denen Mythen je entstanden sind.

C. G. Jung zufolge wird der Mensch erst dann ein in seiner Mitte ruhendes Ganzes, das sich schöpferisch entfalten und glücklich sein kann, wenn der Individuationsprozeß abgeschlossen ist; wenn Bewußtsein und Unbewußtes gelernt haben, harmonisch miteinander zu leben und sich gegenseitig zu ergänzen. Die Erkenntnisse dieses Psychologen haben wesentlich zum heutigen psychologischen Verständnis des menschlichen Geistes beigetragen.

»Geist« ist übrigens ein geradezu irreführendes Wort. Gemeint ist damit ja immer das Geistig-Seelische, für das es ein ersichtlich zusammenfassendes einziges Wort (wie beispielsweise »Mind« im Englischen) in deutscher Sprache nicht gibt. Die Doppelnatur des Geistig-Seelischen tritt zutage in den Begriffen des Bewußtseins (im engeren Sinn des Wachbewußtseins) und des Unbewußten (nach anderen psychologischen Schulen des Unterbewußtseins). Völlig einig sind sich heute jedoch sowohl die Psychologen als auch die Mediziner in dem entscheidenden Punkt: Der Mensch macht nicht nur bewußte, sondern auch unbewußte Erfahrungen. Beide sind aber nur scheinbar polare Manifestationen ein und derselben Realität – nämlich des Ganzen der menschlichen Psyche.

»Psyche« ist das altgriechische Wort für Seele. Es bedeutet aber vor allem auch »Lebensatem«, »Lebenskraft« wie auch »Leben« selbst. Der griechische Begriff der Psyche ist umfassender als unsere »deutsche« Seele, denn neben Seele und Gemüt beinhaltet er auch Bewußtsein, Geist. Im Verständnis heutiger

Psychologie ist die Seele der Träger der Lebensvorgänge im Individuum. In ihr ist das »Ich« aufgehoben; sie gewährleistet Identität und Individualität. Da die Seele aber der Beschränkung durch Zeit und Raum nicht unterliegt, ist sie auch eine Art Netzwerk, das den in der Erscheinungswelt lebenden Menschen mit dem Unendlichen verbindet. So verwundert dann die Tatsache kaum noch, daß sie für die Mehrheit der Menschen als unzerstörbar, ja unsterblich gilt.

Man könnte das Unbewußte als eine Art »Gedächtnis« des Geistes der ewigen Seele bezeichnen. Manche Wissenschaftler haben das Unbewußte auch als eine Art Computer gekennzeichnet, der alle Eingaben speichert und hochrechnet und auf diese Weise gleichsam autonom und kontinuierlich am Wachstum der Seele arbeitet, bis diese sich der Vollkommenheit ihres Ursprungs bewußt wird.

Tatsächlich finden alle wie immer gearteten menschlichen Erfahrungen – bewußt und unbewußt durchlebte, aber auch, wie schon erwähnt, bestimmte Kollektiverfahrungen der Menschheit – im Unbewußten ihren Niederschlag. Dem Unbewußten prägt sich alles ein, was wir je bewußt oder unbewußt erlebt haben, was wir je gedacht und gefühlt haben. Es stellt daher ein immenses Reservoir inneren Wissens dar, das wir nutzen können. Doch es ist auch die Quelle der Intuition und jeglicher Kreativität. Vor allem aber hat der in der dreidimensionalen Erscheinungswelt lebende Mensch über das Unbewußte Zugang zu den höherdimensionalen Realitäten des Geistes. (Was hier bloß schlagwortartig vorweggenommen ist, wird in den noch folgenden Kapiteln dieses Buches ausführlich erörtert werden.)

Carl Gustav Jung hat ein Modell der Psyche vorgeschlagen (29/161). Die Psyche soll man sich als eine Kugel vorstellen. Ein helles, kreisförmiges Feld auf der Oberfläche der Kugel stellt das Bewußtsein dar. Der Mittelpunkt dieses hellen Oberflächenfeldes ist das Ego, das Ich: »Bewußt ist etwas nur dann, wenn ›ich‹ es weiß!« Hingegen ist der Kern im Mittelpunkt der Kugel und zugleich das ganze Volumen der Kugel das Selbst. Dieses Selbst übt als »Kernenergie« steuernde Funktionen aus und repräsentiert zugleich die Ganzheit unserer Psyche, die somit zum Großteil als ein Hort unbewußter Erfahrungen anzusehen ist, wogegen sich das Ichbewußtsein nur auf einem kleinen Oberflächenfeld unseres geistig-seelischen Lebens entfaltet.

Das innere Selbst (oft auch »Überselbst« oder »höheres Selbst« genannt) organisiert alles bewußte und unbewußte Material, das für die Ganzheit der Psyche relevant ist; es ist also die organisierende Instanz aller Erfahrung. Es weiß, welche Lernprozesse die Seele zur Erreichung des Lebensziels nötig hat, das nicht materieller Art, sondern vielmehr auf den Erwerb seelischer Qualitäten und auf geistiges Wachstum ausgerichtet ist.

Schon der amerikanische »Altvater« der angewandten Psychologie und Philosoph William James (1842–1910), der an der Harvard-Universität lehrte, betonte immer wieder (26), das Unterbewußtsein berge Kräfte, die die Welt bewegen könnten. Es sei eins mit der unendlichen Kraft, der alles Leben entspringt. Das ganze Schrifttum des schon erwähnten Lehrers positiven Denkens und dreifachen Doktors Joseph Murphy (1897–1981) geht von dieser Grundwahrheit aus.

Das Unbewußte benutzt zu seinem Ausdruck Symbole, es bedient sich seiner eigenen Bildersprache. Der Mensch ist immer wieder fasziniert von den Symbolen des Unbewußten. Sie haben für ihn eine zutiefst bedeutsame, offensichtlich lebenswichtige Anziehungskraft, ob sie nun in Mythen und Märchen, in Werken der bildenden Kunst oder in der Musik zutage treten, in Träumen oder in Zuständen herabgesetzten Bewußtseins, die meditative Einsichten und ASW-Erfahrungen begünstigen.

Nachhaltig hat sich Carl Gustav Jung mit dem Traumleben beschäftigt. Für ihn ist das Selbst der Erfinder und Anordner unserer Träume. Die meist symbolisch verschlüsselte Bildersprache der Träume verschafft dem Träumenden Zugang zu seiner immateriellen Wesenheit. Jung zufolge gleicht unser Traumleben einem Bandmuster, dessen Fäden bald sichtbar, bald unsichtbar sind. Erst allmählich wird dem Träumenden die zunächst verborgene Zielgerichtetheit seiner Träume bewußt, aus der dann eine Art Schicksalsgewebe, ein »Lebensmuster« sichtbar wird. Das graduelle Wachsen und Werden eben dieses »Lebensmusters« hat er als Individuationsprozeß bezeichnet.

Dieser in einem Menschenleben lange und größtenteils unbewußt verlaufende Wachstumsprozeß wird erst dann zur Wirklichkeit, wenn der Mensch sich dieses Prozesses bewußt wird. Erst dann entdeckt er seine volle Schöpferkraft und erkennt, wie er durch weisen – oder unweisen – Gebrauch des freien Willens sein Schicksal gestalten und wie ein Künstler an seinem Lebensmuster mitwirken kann. Dem einzelnen erscheint es dann so, als ob etwas Göttliches, etwas Urschöpferisches, Platz greifen würde, das ihm ermöglicht, in persönlicher, individueller Art und Weise sein Leben zu gestalten.

Die Psychologie ist eine der allerjüngsten Erfahrungswissenschaften. Erst sie hat uns ahnen lassen, daß das, was uns Erleuchtete aller religiösen Traditionen gelehrt haben, für uns Menschen erfahrbar ist und wir in der Tat mehr sind als nur unser Körper. Was aber sind wir dann wirklich?

Unser Körper ist ausgerüstet mit einem komplizierten Netz von Nervenleitungsbahnen, einem Gehirn, das uns die von unseren Sinnesorganen übermittelten Daten schnell und, sieht man von den stets möglichen Verzerrungen unserer Wahrnehmung ab, mehr oder weniger genau bewußtmacht. Ist aber nun das Bewußtsein mit der Aktivität unseres organischen Gehirns gleichzusetzen, oder ist es von diesem unabhängig? Bedient es sich des Gehirns? Ich glaube, daß auch die besten Neurobiologen, Neurologen und Verhaltensforscher auf diese Frage keine schlüssige Antwort geben können. Die Wissenschaftler wissen es nicht.

Das gesamte Gehirn besteht aus Molekülen, das weiß man. Aber kennt man das Gehirn, selbst wenn man alle seine Moleküle kennen würde? Angenommen, ein bestimmtes neuroaktives Peptid löst im Gehirn ein bestimmtes Verhalten aus, zum Beispiel den Vorgang des Einschlafens. Ist dieser biochemische Prozeß die Ursache für das Verhalten? Oder ist er identisch mit dem Verhalten? Es gibt keine Antwort auf diese Frage.

Das Grundproblem der Hirnforschung liegt darin, daß völlig unterschiedliche begriffliche Ebenen miteinander verknüpft werden müssen – und das haben unsere Wissenschaftler noch nicht gelernt. Auf allen Ebenen gelten unterschiedliche Kategorien, in denen gedacht und gesprochen wird. So können Hirnphysiologen heute immer genauere Schaltpläne des Gehirns aufzeichnen. Sie können die Kontaktstellen (Synapsen) zwischen den Nervenzellen aufzeigen, die Wege der Neurotransmitter (chemische Überträgerstoffe) beschreiben, den Informationsfluß kreuz und quer durch das gesamte Gehirn verfolgen. Der Bauplan des biologischen Computers Gehirn wird bald fertig vorliegen, und sie werden die »Hardware« kennen, die uns das Verständnis der wahrnehmbaren Welt vermittelt und die unserem Bewußtsein Inhalte verschafft. Doch das Verhalten des Systems Mensch läßt sich auch dann nicht vorhersagen.

Es ist bekannt, daß auch ein Computerspezialist aus dem Schaltplan, aus der Verdrahtung, aus der Struktur von Chips und Mikroprozessoren allein noch nicht folgern kann, was der Computer leisten kann. Er benötigt dazu noch die Software, die Programme, nach denen die Maschine arbeitet. Aber die »Software« unseres Gehirns ist heute noch genauso geheimnisvoll wie vor hundert Jahren, wie zu Zeiten Cajals und Golgis.[*]

Das Programm – die Software – wäre die Information, der Bewußtseinsinhalt. Unser Gehirn und Nervensystem zählt in der Medizin zum Informationssystem, das zusammen mit dem Stoffwechselsystem zu den wichtigsten Elementarsystemen gehört. Funktionell gesehen ist der menschliche Organismus polarisiert, das heißt, die beiden wichtigsten Elementarsysteme, nämlich das Stoffwechsel- und das Informationssystem, haben eine gegensätzliche, polare Funktion und sind auch strukturell äußerst verschieden.

Unter Physikern mehren sich die Stimmen, wonach an den Anfang der Evolution nicht allein die Materie (=Energie), sondern als weiteres formgebendes Element auch die Information

---

[*] Cajal, Santiago Ramón (1852–1934), Anatom in Madrid, und Golgi, Camillo G. (1843–1926), Pathologe in Padua, beide Nobelpreisträger für Medizin 1906.

(=Struktur) gestellt werden müsse. Auch der Histologe Johannes W. Rohen meint (59/4), daß von allem Anfang an die Entwicklung der Organismen von zwei Seiten aus geprägt worden sei, nämlich von der energetischen (oder materiellen) und der informativen (oder strukturellen) Seite her. Für diese Einsicht sei das Raum-Zeit-Problem von großer Bedeutung.

Könnte es demnach sein, daß das Gehirn beziehungsweise das zentrale Nervensystem mit seinen peripheren Ausläufern eine »Bewußtseinspumpe« ist – ähnlich wie Herz und Lunge dem Blutkreislauf und dem Sauerstoff der Atemluft als Pumpe dienen? Gehört vielleicht zur Evolution, daß ein geistiges Prinzip die Menschheit auch zur Höherentwicklung des Bewußtseins führt? Der Geist des Menschen wirkt durch sein Gehirn, somit durch ein physisches Organ, und die Struktur des physischen Körpers und kann sich so zum Ausdruck bringen. Der Geist des Menschen wirkt durch sein Gehirn, jedoch ist er nicht das Gehirn. Konsequenterweise kann man folgern, daß der Geist nicht mit physikalisch-chemischen Gehirnprozessen gleichgesetzt werden kann, sondern daß die physiko-chemischen Vorgänge im Gehirn nur die Voraussetzung menschlicher Geistestätigkeit sind.

Der berühmte Forscher Sir John Eccles, der sich als Gehirnphysiologe immer wieder mit dem Phänomen des menschlichen Geistes auseinandergesetzt hat, stellte die Hypothese auf, daß die neuronale Maschinerie (Gehirn und Nervensystem) als eine vielfältige Verflechtung von Impulse ausstrahlenden und empfangenden Strukturen (Modulen) betrachtet werden sollte. Die Aufgabe des »sich seiner selbst bewußten Geistes« bestehe vermutlich in erster Linie darin, alle bewußten Erfahrungen und Handlungen des Individuums zu einer Einheit zu integrieren. Der sich seiner selbst bewußte Geist könne spielerisch »wie ein Suchscheinwerfer als Abtast- und Sondierungsvorrichtung dienen, die die vielfachen Aktivitätsmuster in der Hirnrinde abliest, selektiert und zu Einheiten bewußter Erfahrung zusammenfaßt«.(10/148)

Wie eine Filmkamera einzelne Bilder auf die Leinwand wirft, die nur infolge ihrer schnellen Aufeinanderfolge als kontinuierliche und lebensechte Bewegungen empfunden werden, so können das Bewußtsein als eine Serie von Momenten beschrieben werden, wobei ein Moment nicht nach einer bestimmten Uhrzeit festgelegt ist, sondern als »relativ« betrachtet werden muß. Um diese »Momentaufnahme« konstant zu halten, müsse der Bewußtseinsinhalt organisiert werden, und dies geschieht Eccles zufolge durch Denken, logische Folgerungen und die unserer Erfahrung zugrunde liegenden Denkkategorien von Raum, Zeit und Kausalität. So entwickeln wir ein System von Bildvorstellungen und Begriffen, die uns dann als Wiedergabe der Welt der Erscheinungen erfahrbar werden.

Erfahrung ist demnach eine Verschmelzung verschiedenster Sinneseindrücke und des Wiederauflebens gespeicherter Gedächtnisinhalte, die anscheinend durch das, was Sir John Eccles den »sich seiner selbst bewußten Geist« und die Psychologie das Bewußtsein des »Selbst« nennt, geordnet und organisiert werden.

Wenn wir annehmen, daß es einen »sich seiner selbst bewußten Geist« gibt, müssen wir zwingend voraussetzen, daß es neben der materiellen Welt, die wir durch unsere Sinnesorgane wahrnehmen, noch eine oder mehrere Realitäten des Geistes geben muß, die die Welt der Erscheinungen durchdringt oder einschließt. Wie stellt sich dazu die moderne Physik? Welche Rolle spielt der »Geist« in den Erkenntnissen dieser exakten Naturwissenschaft?

10

Bewußtsein und die moderne Physik

> Rein logisches Denken kann uns keinerlei Wissen über
> die empirische Welt vermitteln. Alles Wissen der Reali-
> tät beginnt mit der Erfahrung und endet in ihr. Behaup-
> tungen, die durch rein logische Mittel aufgestellt wer-
> den, entbehren jeglicher Realität.
>
> ALBERT EINSTEIN

Interessanterweise ist es heute die Physik, diese klassischste aller Naturwissenschaften, die »bewußt« geworden ist. Die Atomphysiker waren die ersten, die die Zusammenhänge zwischen Geist und Materie erkannten und sich in ihren Spekulationen in Bereiche der Philosophie und Metaphysik vorwagten.

Albert Einstein (1879–1955), der in Zürich und Prag, später in Princeton lehrte, wurde weltberühmt durch seine Relativitätstheorie, die die moderne Physik auf neue Grundlagen gestellt hat. Die Relativitätstheorie führte an Stelle des absoluten Zeitbegriffs Newtons die »Relativität« der Zeit als neuen physikalischen Begriff ein. In seiner Feldtheorie versuchte Einstein ein einheitliches Gesamtfeld des ganzen Universums zu beschreiben. Er postulierte ein kontinuierliches, unteilbares Feld, in dem Teilchen lediglich als bestimmte Abstraktionsformen des Gesamtfeldes angesehen werden können. Er war es auch, der in der Physik die Hypothese der Lichtquanten (»Energiepakete«) eingeführt hat.

Der dänische Physiker Niels Bohr (1885–1962) war es dann, der durch die Vereinigung von Quantenhypothese und Atommodell die Grundlage der modernen Atomtheorie schuf, die zum Verständnis des Aufbaus der Materie erforderlich war. Der deutsche Physiker Werner Karl Heisenberg (1901–1976) wiederum, vormals Professor in Leipzig und Berlin, nach dem Krieg Direktor des Max-Planck-Instituts für Physik in Göttingen und München, begründete später die Quantenmechanik und stellte die für sie grundlegende Unschärferelation auf.

Die Forschungen dieser Physiker, alle drei Nobelpreisträger, machten es möglich zu erkennen, daß die sich zwischen Atomen (von griechisch *atomos* = unteilbar) abspielenden Vorgänge alle chemischen Prozesse verursachen und die gesamte Chemie erst aufgrund der Gesetze der Atomphysik richtig verstanden werden kann. Viele andere berühmte Physiker waren in den zwanziger Jahren an der Erforschung dieser Gesetzmäßigkeiten beteiligt – so der Franzose Louis-Victor de Broglie, die Österreicher Erwin Schrödinger und Wolfgang Pauli, der Engländer Paul Dirac. Mit vereinten Kräften gelang es ihnen, die geheimnisvolle subatomare Welt aufzuzeigen.

Der Erkenntnis, daß das Atom nach Heisenbergs Wort ein »Planetensystem im Kleinen« (23/52) und kein unzerstörbarer Festkörper, sondern »leerer Raum« ist, in dem sich infinitesimal kleine Teilchen bewegen, wurde aufgrund der Quantentheorie noch eine neue Erkenntnis hinzugefügt. Diese bewies nämlich, daß die subatomaren Einheiten der Materie (Elementarteilchen) nicht nur keine Festkörper im Sinne klassischer Physik darstellen, sondern paradoxerweise eine Doppelnatur haben. Der paradoxe Dualismus besteht darin, daß Materie je nach Bedingungen sich eher wie eine Welle oder eher wie ein Teilchen – in gewisser Weise jedoch wie beide zugleich – verhält. Niels Bohr verdanken wir die Erkenntnis, daß in der Quantenphysik atomare Objekte (Elementarteilchen) komplementäre Gegensatzpaare zeigen. (6/67)

Genau diese Doppelnatur kommt auch dem Licht zu. Es kann als elektromagnetische Schwingung oder als Teilchen auftreten (Lichtquanten oder Photonen). Quanten sind »Energiepakete«. Albert Einstein war es, der den Begriff geprägt hatte, der als Terminus durch die Quantentheorie dann allgemein bekannt wurde.

Der Widerspruch der Doppelnatur der Materie, der sich im neuen Bild der Wellen und Teilchen ergibt, stellte die im bisherigen mechanistischen Weltbild als selbstverständlich angenommene Realität der Materie auf den Kopf. Man erkannte, daß es auf der subatomaren Ebene mit voraussagbarer Sicherheit Materie weder an einem bestimmten Ort noch zu einer bestimmten Zeit gibt. Der Terminologie der Quantentheorie zufolge haben diese Materieteilchen nur wahrscheinliche Tendenzen zu erscheinen, das heißt, sie treten als »Wahrscheinlichkeitswellen« auf. Es ist wahrhaftig ein Paradoxon, wenn Elementarteilchen zugleich Wellen sein können und diese wiederum nur in Form von Wahrscheinlichkeiten ausgedrückt werden können!

Demnach kann also Materie nicht in unabhängige, kleinste Teilchen zerlegt werden, ohne diese in Relation zur Struktur des Ganzen, von dem man die Teilchen abstrahiert hat, zu betrachten. In der Natur gibt es keine isolierten Bausteine. Alles erscheint als ein kompliziertes Gewebe von Zusammenhängen, die zwischen den verschiedenen Teilen und dem Ganzen bestehen.

Für uns ist noch eine weitere Entdeckung interessant, die wir der Quantentheorie verdanken: Ein Elektron kann von einem Energiezustand in einen anderen, nächsthöheren, übergehen, ohne irgendwelche Zwischenstufen zu durchlaufen. Dies ist nur deshalb möglich, weil das Elektron bloß ein »Teilchen« einer größeren Gesamtstruktur ist. Man könnte daher anschaulich sagen, jedes Elektron benimmt sich so, als wäre es die Projektion einer höherdimensionalen Realität.

Daß uns Materie als fest erscheint, ist die Folge des »Quanteneffekts«. Im Atom werden starke entgegengesetzte Kräfte wirksam. Der Kern versucht die Elektronen elektrisch ganz dicht an sich heranzuziehen, die Elektronen aber reagieren auf die räumliche Begrenzung, indem sie wild herumwirbeln. Je dichter am Kern sie sich befinden, desto größer wird ihre Geschwindigkeit. Diese extremen Geschwindigkeiten der Elektronen lassen uns die Atome als feste Gebilde erscheinen; unser Sinnesorgan Auge bildet uns diesen »Teilchentanz« als Festkörper ab. So scheint dann in unserer Wahrnehmung Materie die uns vertraute feste Form zu haben, obschon es feste Formen in Wirklichkeit gar nicht gibt. Und so liefert uns die beschränkte Interpretation unseres Sinnesorgans Auge, das die überschnellen Frequenzen nicht mehr wahrnehmen kann, ein Trugbild, das der Realität keineswegs entspricht. Solide Stoffwelt ist ein Phantasiegebilde – vom Bewußtsein in die Außenwelt projiziert!

Wie wir alle wissen, wird Wissenschaft von Menschen gemacht. Naturwissenschaft beruht auf Experimenten, und erst die Anerkennung der experimentell gewonnenen Forschungsergebnisse durch andere Wissenschaftler und deren Auswertung und Deutung führen zur Erkenntnis neuer Naturgesetze, die dann allerdings unser Weltbild verändern können. Albert Einstein und Niels Bohr waren Pioniere solcher weltbildverändernden Erkenntnisse; Werner Karl Heisenberg aber sah, wie seine Quantentheorie beweist, umfassend. Er erkannte intuitiv den Zusammenhang zwischen dem Teil und dem Ganzen. Diese Erkenntnis legt die Einheit des Universums nahe, mehr noch: diese Einheit wird erklärbar.

So nun erkennen wir auch den Menschen, das mit Bewußtsein ausgestattete Wesen, als einen Teil des Ganzen und das Ganze samt seiner zentralen Energie als ein unendliches Bewußtsein, das nicht nur unsere Erscheinungswelt, sondern auch das Universum höherdimensionaler Realitäten des Geistes erschafft und durchdringt. Ein Teil dieser umfassenden Energie, dieses allwissenden, urschöpferischen Bewußtseins, das wir Gott nennen, sind wir Menschen. Wie das Elektron zu einer größeren Gesamtstruktur und eine Meereswelle zum Meer gehört, so stellt das menschliche Bewußtsein nur eine Welle, eine Kräuselung im unendlichen Bewußtseinsmeer dar, die kurzfristig als individuelle Ausdrucksform in der begrenzten Wirklichkeit von Zeit und Raum erscheint.

Aufgrund ihrer bahnbrechenden Erkenntnisse hat die moderne Atomphysik nicht nur grundlegende physikalische, sondern auch essentielle philosophische und metaphysische Fragen in ein völlig neues Licht gerückt.

Schon in der Jugend stellte Heisenberg Fragen bezüglich der Bindung der Sauerstoffatome an den Kohlenstoff – ob vielleicht die Natur, die für deren Vorhandensein verantwortlich ist, auch eine Form vorgegeben habe, die für die richtige Bindung sorgt. Erst viel später wurde die Tetraederform des Kohlenstoffatoms entdeckt und erkannt, daß dessen Bindung in einem Tetraederwinkel erfolgt, wobei der Valenzwinkel in die Ecken des Tetraeders weist und genau 109 Grad 28 Minuten beträgt. Also hat die Natur eine genaue Struktur, eine Form, vorgegeben. Die Chemiker gebrauchen dafür den Begriff »chemische Valenz«.

Trotzdem war die Idee, es müsse eine solche Struktur geben, lange schon vorhanden, bevor diese noch entdeckt wurde. Heisenberg wußte schon damals, daß wir die Dingwelt nicht direkt wahrnehmen können, sondern die ankommenden Reize zuerst in Vorstellungen verwandeln und schließlich Begriffe von ihnen bilden müssen. Er erkannte, daß das, was aufgrund unserer sinnlichen Wahrnehmung von außen auf uns einströmt, ein ziemlich ungeordnetes Gemisch sehr verschiedenartiger Eindrücke ist, denen die Formen oder Qualitäten, die wir nachher wahrnehmen, gar nicht zukommen. Wenn wir etwa auf einem Blatt Papier ein Quadrat anschauen, so wird es weder auf der Netzhaut unseres Auges noch in den Nervenzellen des Gehirns irgend etwas von der Form eines Quadrates geben. Vielmehr müssen wir die sinnlichen Eindrücke unbewußt durch eine Vorstellung ordnen und so die Gesamtheit der Information gewissermaßen in ein zusammenhängendes, ein »sinnvolles« Bild verwandeln. Erst mit dieser Verwandlung, mit dieser Zusammenordnung von Einzeleindrücken zu etwas »Verständlichem« haben wir sie wahrgenommen.

Es müßte daher, meinte Heisenberg, zuerst einmal geprüft werden, woher die Bilder für unsere Vorstellung kommen, wie sie begrifflich erfaßt werden und in welcher Beziehung sie zu den Dingen stehen. Da die Vorstellungen doch offenbar vor den Erfahrungen da seien, sind sie die Voraussetzung für die Erfahrung. (23/13)

Erstaunlicherweise postulierte schon der französische Philosoph und Oratonianerpater Nicole Malebranche (1638–1715), daß die menschliche Seele die Vorstellungen von Anfang an besitzen müsse oder zumindest die Kraft, diese Vorstellungen selbst zu bilden. Sie werde durch die sinnlichen Eindrücke nur an die vorhandenen Vorstellungen erinnert oder von den Sinnesorganen dazu angeregt, die Vorstellungen selbst zu formen.

Malebranche war auch davon überzeugt, daß die menschliche Seele an der göttlichen Vernunft teilhat. Die Seele sei verbunden mit Gott, mit einer zentralen Energie, und daher seien ihr auch von Gott (strukturell) die Information, die Vorstellungskraft und mit ihr die Bilder, die Ideen eingeboren, mit denen sie die Fülle der sinnlichen Eindrücke ordnen und begrifflich gliedern könne. Natürlich erinnert uns das an Platons im Wort des Eidos erklärten Ideenbegriff und C. G. Jungs Archetypen.

Malebranche zufolge sind dieselben ordnenden Tendenzen, die die sichtbare Ordnung der Welt, die Naturgesetze, die Entstehung der chemischen Elemente und ihrer Eigenschaften, die Bildung der Kristalle, die Erzeugung des Lebens und alles andere in der Welt der Erscheinungen bewirken, auch für die Schöpfung der menschlichen Seele verantwortlich und in dieser Seele wirksam. Ordnende Tendenzen sind für die wirklich existierenden Strukturen verantwortlich, die erst dann, wenn sie von uns gedanklich fixiert werden, in ein Objektives – ein Ding – und ein Subjektives – die Vorstellung – auseinanderzutreten scheinen.

Heisenberg meint dazu folgerichtig: »Es könnte ja sein, daß die Atome, die man schließlich gar nicht direkt beobachten kann, auch nicht einfach Dinge sind, sondern zu fundamentalen Strukturen gehören, bei denen es keinen rechten Sinn mehr hätte, sie in Vorstellung und Ding auseinandertreten zu lassen.« (23/13 f.)

Zu seinem Schüler, dem Physiker Carl Friedrich von Weizsäcker, sagte Heisenberg einmal in diesem Zusammenhang: »Erstens: Wenn du Philosophie machen willst im zwanzigsten Jahrhundert, mußt du das wichtigste geistige Ereignis des zwanzigsten Jahrhunderts verstehen, und das ist die Physik. In der Zeit Mozarts war es vielleicht die Musik, jetzt ist es die Physik. Zweitens: Physik macht man nur gut, wenn man jung ist, und Philosophie nur, wenn man alt ist.« (41/140)

Der Dualismus der Quantentheorie machte vielen Naturwissenschaftlern – die für alles eine logische Deduktion verlangen, da sie nicht gewohnt sind, bildhafte Gleichnisse für philosophische Erkenntnisse gelten zu lassen – erst bewußt, daß das westliche rationale Denken eine Komplementärfunktion zum irrationalen östlichen Denken der altindischen Religionen und der Philosophie des Wedanta darstellt. Naturwissenschaftliche Erkenntnis allein ist relativ. Dazu Heisenberg: »Früher konnte das Vorbild der exakten Naturwissenschaften zu philosophischen Systemen führen, in denen eine bestimmte Wahrheit, etwa das ›Cogito, ergo sum‹ des Cartesius, den Ausgangspunkt bildete, von dem aus alle weltanschaulichen Fragen aufgegriffen werden sollten. Die Natur hat uns jetzt aber in der modernen Physik aufs deutlichste daran erinnert, daß wir nie hoffen dürfen, von einer solchen Operationsbasis aus das ganze Land des Erkennbaren zu erschließen. Vielmehr werden wir zu jeder wesentlich neuen Erkenntnis immer wieder von neuem in die Situation des Kolumbus kommen müssen, der den Mut besaß, alles bis dahin bekannte Land zu verlassen in der fast wahnsinnigen Hoffnung, jenseits der Meere doch wieder Land zu finden.« (41/140)

Für den englischen Mathematiker und Astrophysiker Sir Arthur Stanley Eddington (1882–1944) ist Physik nichts anderes als eine Symbolsprache, die nicht den Anspruch erheben darf, daß ihre Einsicht tiefer reicht als bis zu ihrer eigenen Symbolik. L. Gregory, der namhafte Cambridger Physiologe, kam im Verlauf ähnlicher Überlegungen zu dem Schluß, daß wir eigentlich so gut wie blind sind, da unser Wahrnehmungsapparat nur auf bestimmte Wellenlängen festgelegt ist.

Der bekannte österreichische Verhaltensforscher und Verhaltensphysiologe Konrad Lorenz, der für seine Forschungen den Nobelpreis in Medizin und Physiologie erhielt, geißelte in scharfen Worten immer wieder, daß die Physik, ja überhaupt die Naturwissenschaft unserer Zeit, grundsätzlich nur von generalisierender Deduktion lebe. Sie wolle generalisieren, und das System interessiere gar nicht. Deshalb sei es für den Naturwissenschaftler keine Sünde zu reduzieren. Nur dürfe er sich nicht anmaßen, angesichts dieser Vorgehensweise etwas über den Menschen erkennen zu wollen.

Der streitbare Professor demonstriert die Unhaltbarkeit allen ontologischen Reduktionismus an einem Beispiel: Postuliere man, alle Lebensvorgänge seien chemisch-physikalische Vorgänge, so stimme das. Was sollten sie sonst auch sein? Sage man aber, Lebensvorgänge seien *eigentlich nur* chemisch-physikalische Vorgänge, so sei das Unsinn. Denn eigentlich seien sie etwas ganz *anderes.* Bedenke man, daß unser Erkenntnisapparat gleichsam durch zwei verschiedene Fenster ein und dasselbe in zwei verschiedenen Weisen abbildet, dann werde man auch verstehen können, warum man es bald mit Materie und bald mit Energie, bald mit Leib und bald mit Seele zu tun hat.

Lorenz zufolge gehen die empirischen Wissenschaften aufgrund ihrer partikularistischen Sicht- und Forschungsweise an der Einheit der Welt vorüber. Die szientistische Wissenschaft nehme, sagt er, nur einen Teil der Realität wahr, den geringen Teil eines sich aus der nur halben Sicht der Wirklichkeit sich ergebenden »Mesokosmos«. (41/140 ff.)

Daß der Mensch nur die halbe Realität der Welt wahrnimmt, erkannte schon der österreichische Physiker Ludwig Boltzmann (1844–1906), für den die apriorischen Kategorien von Raum und Zeit bloß »selbstverständliche Denkgewohnheiten der Menschen sind, die sich im Laufe der stammesgeschichtlichen Entwicklung herausbildeten«. Und der amerikanische Physiker Percy W. Bridgman (1882–1961) postulierte: Das Objekt des Gewußten und der Prozeß des Wissens müssen immer zusammen betrachtet werden.

Demnach ist eine »szientistische« Wissenschaft bloßen Messens und Rechnens, die als real nur das anerkennt, was in der Terminologie der exakten Naturwissenschaften ausgedrückt und durch Quantifikation bewiesen werden kann, unhaltbar. Alles Unbewußte, ja sogar alles Gefühlsmäßige wäre demnach Illusion: es hätte in solcher »Wirklichkeit« keinen Raum.

Die Diskussion über die einseitige szientistische Sichtweise der Naturwissenschaften ist erst in den letzten Jahren entbrannt, nachdem man sich mit dem wissenschaftstheoretischen Konzept abgefunden hatte, daß jede Wissenschaft ihren eigenen, klar abgrenzbaren Forschungsbereich hat und daß nur das wissenschaftlich berücksichtigt werden kann, was quantifizierbar ist. Das entspricht genau dem Bild, das der Reduktionist vertritt. Nur ist das Bild, das auf diesem Weg von der Welt und dem Menschen gewonnen wird, falsch.

Der deutsche Physiker Max Planck (1858–1947) stellte einmal fest, daß wir die von der Physik angenommene reale, von uns unabhängige Welt niemals direkt erkennen, sondern immer nur durch die Brille unserer Sinnesempfindungen wahrnehmen könnten. Dies rücke das beobachtende Ich auf einen sehr bescheidenen Platz. (9/32)

Tatsächlich machen uns gerade auch die wirklich umwälzenden neuen Erkenntnisse der modernen Atomphysik bewußt, daß es nicht den geringsten Grund gibt anzunehmen, daß unser Gehirn im Laufe Millionen Jahre langer Evolution heute einen Stand der Entwicklung erreicht hat, der es erstmals befähigt erscheinen läßt, die Wirklichkeit der Welt und des Universums mit allen ihren Eigenschaften zu erkennen.

Wir wissen nun, daß die Materie aus Elementarteilchen besteht, die weder ausschließlich als Korpuskeln noch allein als Energiequanten zu verstehen sind, und daß zum Beispiel das Universum einen Raum darstellt, der mit dem dreidimensionalen Raum unserer Vorstellung keine Ähnlichkeit hat. Weiters ist uns bekannt, daß es viele Dinge gibt, die von unseren Sinnesorganen nicht wahrgenommen werden können, instrumentell aber wahrnehmbar sind, Strahlen zum Beispiel. Wir wissen auch, daß es elektrische Energie gibt und Wellen, mit deren Hilfe wir Radio- und Fernsehprogramme empfangen können. Wir wissen, daß es in der Welt eine Fülle von Qualitäten gibt, die weder für unsere Sinnesorgane faßbar noch für unseren Verstand vorstellbar sind; trotzdem wissen wir, daß es sie geben muß. In den letzten Jahren erkannten immer mehr Wissenschaftler, daß unsere Sinneswahrnehmung unvollständig ist und keineswegs ausreicht, uns mit der Realität der Welt vertraut zu machen.

Und immer mehr Wissenschaftler sagen uns aufgrund ihrer Forschungen auch, daß es nicht nur Materie, sondern auch Antimaterie geben müsse. Einer dieser zeitgenössischen Forscher ist der Wiener Atomphysiker Fritjof Capra, heute Professor an der Universität Berkley, Kalifornien. In seinem Buch *Der kosmische Reigen* (6) demonstriert er, daß die neuesten Forschungsergebnisse der Atomphysik zu vergleichbaren Erkenntnissen führten, die den jahrtausendealten mystischen Lehren des Fernen Ostens zugrunde liegen. Im Licht uralten Wissens ist es nicht neu, daß es Materie, wie wir sie uns in der Vergangenheit vorgestellt haben, nicht gibt. Materie und Geist sind eins, polare Manifestationen ein und derselben Wirklichkeit. Und Materie ist verdichteter Geist. Wie Wasser in flüssigem, festem oder gasförmigem Zustand existiert, kann Materie in verschiedenen Zustandsformen, in unterschiedlichen Aggregatzuständen der Energie, erscheinen, und es lebt auch der Mensch in verschiedenen Dimensionen des Seins, die sich nur in der energetischen Struktur des Bewußtseins unterscheiden. Er ist seinem Wesen nach multidimensional.

Solche Erkenntnis verstellt uns bloß unser beschränkter Sinnesapparat, der uns Informationen nur innerhalb eines bestimmten Frequenzbereichs vermittelt. Ein einfacher Vergleich zum Verständnis unserer eingeschränkten Wahrnehmung kann uns das Bild eines Ventilators geben: Wenn der Apparat in voller Stärke arbeitet, das heißt, wenn die Flügel sich mit hoher Geschwindigkeit drehen, können wir scheinbar durch sie hindurchsehen; jedenfalls nehmen wir die Flügel selbst nicht mehr wahr – obwohl wir wissen, daß sie vorhanden sein müssen.

Oder denken wir an Newtons berühmten Prismenversuch, der vielleicht vom Physikunterricht her noch bekannt sein dürfte: er beweist, wie winzig der Anteil des sichtbaren Lichts im Gesamtspektrum der elektromagnetischen Wellen ist, und zeigt uns, daß die Farbe Weiß alle anderen Farben enthält – Weiß als Farbe nimmt unser Sinnesorgan Auge immer nur dann wahr, wenn ein Gegenstand alle im Spektrum des sichtbaren Lichts enthaltenen Wellenlängen in gleichem Maße zurückstrahlt.

Newton konnte damit beweisen, daß es die Mischung der Farben ist, die wir als weiß empfinden; in Wirklichkeit aber existiert die Farbe Weiß in der Natur nicht. Genauso wissen wir, daß im Gesamtbereich der elektromagnetischen Schwingungen, jenseits des sichtbaren Lichts, Ultraviolettlicht und Infrarotwellen existieren, die wir mit unserem Auge ebenfalls nicht mehr wahrnehmen können.

Auch das menschliche Gehör empfängt Schallwellen nur in einem bestimmten limitierten Frequenzbereich. Viele Tiere haben ein wesentlich ausgedehnteres Empfangsspektrum als der Mensch. Solche Beispiele ließen sich beliebig fortsetzen.

Unser zerebraler Computer Gehirn liefert uns nur die Daten, die wir sensorisch erfassen können. Von Raynor Johnson, Professor für Physik an der Universität Melbourne, stammt ein bildhafter Vergleich, der die Begrenztheit unserer Wahrnehmung darlegt. Unsere fünf Sinne seien wie schmale Fenster und wir alle wie Gefangene in einem runden Turm, die die Landschaft nur durch fünf winzige Gucklöcher wahrnehmen. Es wäre daher vermessen anzunehmen, daß wir durch diese begrenzten Mauerschlitze die ganze Landschaft erkennen könnten. (16/267)

Unsere Sinne treffen eine Selektion der Reize, zerebrale Strukturen interpretieren die Daten, doch gibt es letztendlich kein gültiges Wirklichkeitsmodell, anhand dessen unsere Wahrnehmung als richtig oder falsch beurteilt werden könnte.

Aber Raynor Johnson geht noch weiter: »Wenn das Gehirn ein Organ ist, dessen Aufgabe Reduktion ist, ist es nicht überraschend, daß Empfindungen, die auf physischer Ebene anscheinend völlig unabhängig voneinander sind, auf höheren Ebenen des Geistes ihre Verwandtschaft offenbaren. Auf einem noch höheren Vorstellungsniveau würde sich zweifellos jene Einheit zeigen, die sich auf den unteren Ebenen zur Vielfalt der Sinne zerschlägt.« (16/278)

Natürlich kann all das, was wir nicht wahrnehmen können, in unserem Bewußtsein kein Bild erzeugen. Oder doch? Verfügt unsere Seele nicht wirklich über Bilder und ein ihr innewohnendes Wissen um ihren geistigen Ursprung? Besteht seit Menschengedenken das Suchen des bewußten Wesens darin, die Quelle des Ursprungs, Gott, zu finden?

Der Mathematiker und Astrophysiker Sir James Hopwood Jeans (1877–1946) machte, damals noch Professor in Cambridge, einen Ausspruch, der geradezu zu einem geflügelten Wort wurde. »Heute ist man sich auf der physikalischen Seite der Wissenschaft fast ganz einig darüber, daß der Wissensstrom auf eine nichtmechanische Wirklichkeit zufließt; *das Weltall sieht allmählich mehr wie ein großer Gedanke als wie eine große Maschine aus.* Der Geist erscheint im Reich der Materie nicht mehr als ein zufälliger Eindringling; wir beginnen zu ahnen, daß wir ihn eher als den Schöpfer und Beherrscher des Reiches der Materie begrüßen sollten.« (9/64)

Und als Niels Bohr einmal von C. G. Jung gefragt wurde, was denn die Elementarteilchen im Atom eigentlich seien, antwortete nach dem Zeugnis der Jung-Expertin Aniela Jaffé Niels Bohr nach langem Schweigen: »Geist.«

Auch der schon erwähnte englische Mathematiker und Astrophysiker Sir Arthur Stanley Eddington war davon überzeugt, daß das physikalische Weltall sich unmöglich mit unserem Erlebnis der Wirklichkeit decken kann. Er meinte, es wäre unerträglich, wenn der Mensch von seiner Umwelt ständig in der Sprache der Physik sprechen würde. Er meinte, daß ebenso wie das Licht und die Farben und die Klänge als die Eingebungen einer außer uns befindlichen Welt uns zu Bewußtsein gelangen, so könnten auch die anderen Regungen unseres Bewußtseins von etwas herrühren, das, ob wir es nun als außerhalb unser selbst oder als in unserem tiefsten Inneren verborgen empfinden, *größer* ist als unser eigenes Selbst. (9/129)

Die Erkenntnis, daß viele Geistesgrößen unter den Naturwissenschaftlern die Realität des Geistes in ihr Weltbild einbezogen, erlaubt die berechtigte Schlußfolgerung, daß die Möglichkeit des Vorhandenseins einer geistigen Welt nicht länger apriorisch verneint werden kann. Schon Albert Einstein sagte,

Religion ohne Naturwissenschaft sei blind, Naturwissenschaft
ohne Religion jedoch lahm. Was sagen uns nun die Religionen
dazu?

11
Bewußtsein und das Gotteskonzept

Die Sehnsucht nach Licht ist
die Sehnsucht nach Bewußtsein.
CARL GUSTAV JUNG

In diesem Buch wurde bereits daran erinnert, daß das dem Lateinischen entstammende Wort »Religion« auf die Bedeutung »Rückbindung« hinausläuft. Rückbindung an was, an wen? Allgemein, mit Hinblick auf alle Religionen, läßt sich wohl sagen: Religion ist die Suche nach unserem Ursprung, und auf dem Weg dieser Suche des Menschen erkennt seine Seele ihre »Rückbindung« an Gott. Sie wird ihm bewußt – oder auch nicht.

Es diente nicht dem Zweck und Anliegen dieses Buches und sprengte auch seinen Rahmen, würde ich hier versuchen, auf das Gemeinsame und das Unterscheidende der großen Weltreligionen näher einzugehen, auf die wesentlichen Lehren von Gesetzesreligionen wie den Judaismus, den Islam und den Konfuzianismus oder auf die asiatischen Hochreligionen wie den Brahmanismus, den Buddhismus und den Hinduismus. Dem wäre ich übrigens auch gar nicht gewachsen. Das bleibt Aufgabe der vergleichenden Religionswissenschaften.

Nachdem wir in einer Kultur und Zivilisation leben, die vom Christentum geprägt sind, brauche ich hier, denke ich, weder die Frohbotschaften des Evangeliums noch die Lehren der christlichen Kirchen zu erörtern. Ich darf diese wohl als bekannt voraussetzen. Gleichwohl muß meiner Ansicht nach in einem Buch dieser Thematik auch von Religion die Rede sein. Erheblich ist das Gotteskonzept – das des Christentums wie auch anderer Religionen. Natürlich haben alle Religionen ihren dogmatischen Hintergrund. Dieser befriedigt viele Menschen heute nicht mehr und ist in unserem Zusammenhang auch nicht von Interesse. Interessant aber ist dies: Alle Religionen postulieren, daß es Gott gibt, der alles erschuf, der allgegenwärtig, allwissend und allmächtig ist. Vergegenwärtigen wir uns, daß es die wundervolle Erscheinungswelt, in der wir leben, die Ordnung der Natur bis zur zellularen Ordnung unseres Körpers und das Wunder unserer Psyche gibt, so genügt das allein schon, um zu wissen, daß es ein steuerndes schöpferisches Prinzip im Universum geben muß. Die Erkenntnisse der Naturwissenschaft, insbesondere der modernen Physik, kommen geradezu einer Rehabilitierung uralter religiöser Lehren gleich.

In der christlichen Vorstellung Gottes als Person müssen wir den Versuch erkennen, das Formlose in eine Form zu bringen, denn Form ist für jegliche Vorstellung notwendig. Jesus nennt das geistige Prinzip »Vater«. Östliche Religionsweisheit nennt es »Vater« oder auch »Mutter« oder auch »Meister«. Jesus sagt uns: »Das Königreich Gottes ist in euch.«

Der Glaube an Gott, an ein höheres schöpferisches Prinzip, das dem Universum inhärent wie auch in uns und in allem um uns ist, oder an ein kosmisches Bewußtsein dürfte gerade heute nicht mehr schwerfallen, zieht man die fundamentale Erkenntnis der modernen Physik in Betracht: Materie und Geist sind polare Manifestationen ein und derselben Ursubstanz.

Fernöstliche Religionen lehren im Sinne der Reinkarnationsidee, daß alles, was uns von Tag zu Tag widerfährt, die Wirkung von früher einmal frei getroffenen Entscheidungen ist (der freie Wille in uns) und daß die Wirkungen von dem, was wir heute tun, in der Zukunft erfahren werden. So gesehen gestaltet selbst im Sinne der hinduistischen Lehren entstammenden Reinkarnationsidee jeder Mensch sein Schicksal selbst. Das gilt in anderem Sinne genauso auch nach den Lehren des Christentums. Jesus sagte uns klar und eindringlich: »Was ihr sät, das werdet ihr ernten.«

In diesem Wissen sollte jeder Mensch weise »säen«, ein guter »Arbeiter im Weinberg des Herrn« sein. Was auch immer wir in Form unseres Denkens und Fühlens an Energie aussenden, weise oder unweise, es kehrt zu dem Punkt zurück, von dem es ausgesandt wurde, wie ein Kreis, der sich vollenden muß, und verwirklicht sich in uns, in unserem Leben. Begreift man das, dann wird der Mensch frei von Vorwürfen und Anklagen gegen Gott. Er ist selbst für sein Leben verantwortlich – nicht Gott, nicht »das Schicksal«. Dann verstehen wir auch, daß der Mensch nicht aus dem Paradies vertrieben wurde, weil er ungehorsam war und als ererbte Strafe nun für immer mit der Erbsünde belastet ist.

Als der Mensch zu denken begann, eröffnete er sich wachsendem Bewußtsein. Seine zunehmende Erkenntnis zwang ihn, die kreatürliche Seite seiner Natur zu bekämpfen, nicht weil diese böse war, sondern weil er über diese hinauswuchs. Dem Gottesfunken folgend, Gottes Kind und nach seinem Ebenbild geschaffen zu sein, begriff der Mensch mit wachsendem Bewußtsein, daß er, mit einem freien Willen ausgestattet, seine eigenen Entscheidungen treffen kann und somit der Schöpfer seines Lebens, seiner Welt ist.

Gedanken und Gefühle sind ungeheure Energien; sie gehen niemals verloren. Qualitäten wie Liebe, Toleranz, Hoffnung, Güte, aber auch destruktive Gedanken und Gefühle wie Haß, Eifersucht, Neid und Gier prägen sich dem Unbewußten ein und werden dort gespeichert. So macht der Mensch sich zum Architekten seines »zweiten Körpers« und Träger eines energetischen Potentials, das seine Persönlichkeit bestimmt und sein Leben gestaltet. Mehr noch: Der Mensch gestaltet eigenverantwortlich sein Schicksal. Mit dem körperlichen Tod läßt er zwar seine physische Hülle in unserer Erscheinungswelt zurück, aber die Summe seiner Lebenserfahrungen lebt in seiner Geist-Seele fort; der energetischen Struktur seiner spezifischen Individualität, der »Wesenheit« seiner Persönlichkeit, bleiben unauslöschlich seine Erfahrungen und Leistungen, auch all seine Leiden und Verfehlungen »eingraviert«.

Dies macht verständlich, warum dem Jesuswort zufolge die »Menschen reinen Herzens«, die Gerechten, die Barmherzigen, die Sanftmütigen, die Friedliebenden selig gepriesen werden; sie sind es ja, die entscheidend zur Evolution menschlichen Bewußtseins beitragen.

Wer das versteht, weiß auch, daß es keine Hölle gibt – es kann sie höchstens in uns selbst geben. Die Hölle ist ein Bewußtseinszustand, ein schmerzlicher Seelenzustand, in den wir uns aufgrund eigener destruktiver Geistes- und Gefühlshaltung begeben. Sie versetzen uns in grenzenlose Angst und Disharmonie und lassen uns scheinbar ausweglose Hoffnungslosigkeit und Verlassenheit empfinden. John Milton (1608–1674), der englische Dichter des *Verlorenen Paradieses* und des *Wiedergewonnenen Paradieses*, hat in seinen Werken bereits die Tatsache verewigt, daß die menschliche Seele in sich selbst die Hölle zum Himmel und den Himmel zur Hölle machen kann. Dies beides liegt zweifellos im freien Willen und in der Macht des mit Bewußtsein ausgestatteten Menschen.

Über dieses Bewußtsein haben wir aber auch, und zwar über das Unbewußte, Anteil an höherem kosmischem Bewußtsein oder, wie erleuchtete Mystiker es ausdrücken, den »Zugang der Seele zu Gott« (Unio mystica). Vermögen wir solches inneres Wissen zu wecken und – meditierend, betend oder in einem Augenblick plötzlicher Erleuchtung – ins Licht unseres Wachbewußtseins zu rücken, dann erkennen wir Gott als das allumfassende, alles durchdringende Eine eines unendlichen Geistes, an dem wir Anteil haben und der durch uns zum Ausdruck gebracht werden kann. Genau dies hat Jesus uns ja vorgelebt – in einem »göttlichen« Bewußtsein, das die Macht des Geistes über die Materie demonstrierte in »Wundern«, die er aus diesem Bewußtsein heraus gewirkt hat – Wunder der Psyche.

Indem wir erkennen, daß wir kraft Geistes an diesem allumfassenden, unendlichen Geist Anteil haben – »Geist von seinem Geiste« sind –, können wir auch davon ausgehen, daß wir als mit diesem Einen verbundene geistige Wesen unzerstörbar und in unserer geistig-seelischen Existenz dem körperlichen Tod enthoben sind.

In einer dem besseren Verständnis dienenden schlichten Analogie könnte man sich Gott, das absolute Bewußtsein, als ein unendliches Reservoir »elektrischer« Energie vorstellen, aus dem, bildlich gesprochen, alle »Glühlämpchen« dieser

Welt mit Licht versorgt werden. Einer Glühlampe entspräche
dann das »Licht« eines individuellen Bewußtseins.

Ich habe mich im Zusammenhang mit der Schilderung meines
eigenen Weges auf der Suche nach Antworten im ersten Teil
dieses Buches sowie auch gelegentlich der in diesem Kapitel
erwähnten *Unio mystica* auf »inneres Wissen« berufen. Den rein
rational ausgerichteten Leser mag dies überraschen, vielleicht
sogar befremden. Ich bitte jedoch im Augenblick um Nachsicht
und ein wenig Geduld. Im Zuge der weiteren Lektüre wird,
hoffe ich, noch sehr deutlich klarwerden, was derartiges inneres
Wissen ist und uns zu bieten hat. Solches inneres Wissen
vermittelt uns in beispielhafter und einmaliger Art Jane Roberts'
Buch *Das Seth-Material*, in dem sich Seth – wie schon gesagt
ihre Trancepersönlichkeit oder, seiner eigenen Aussage zufolge,
ein »nicht mehr in seiner physischen Form zentrierter Energiepersönlichkeitskern« – ausspricht, unter anderem auch über die
Frage nach Gott, die die Menschheit seit Urbeginn zutiefst
berührt und entzweit.

»Gott ist nicht die Wesenheit, wie ihr sie euch nach euren
menschlichen Begriffen vorstellt. Gott ist keineswegs, wie ihr
denkt, eine Art höheres Individuum, sondern er ist eine ›Ener-
giegestalt‹ oder einfach die Summe aller Lebensenergie.

Wenn ihr euch erinnert, daß ich von einer Expansion des
Universums sprach, die nichts mit räumlicher Vorstellung zu
tun hat, dann könnt ihr euch vielleicht auch das Vorhandensein
einer immensen Pyramide eines in steter Wechselbeziehung
stehenden, sich ständig erweiternden, allumfassenden Bewußtseins vorstellen, das gleichzeitig und in jedem Augenblick
Universen und Individuen erschafft, denen aufgrund ihrer see-
lisch-geistigen Einzigartigkeit Dauerhaftigkeit und ewige Gültigkeit zukommen.

Diese absolute, ständig expandierende und überall gegenwärtige Energie, die ihr Gott nennen könnt, ist in ihrer Existenz so
gesichert, daß sie sich selbst vernichten und aus sich selbst heraus
auch wieder aufbauen kann. Diese Energie ist so unglaublich,
daß sie wirklich und tatsächlich unser und jedes andere Univer-

sum erschafft und ihm Ausdruck verleiht. Und weil diese Energie in allen und hinter allen Universen waltet, ist sie sich in der Tat sogar eines jeden Sperlings gewahr, der vom Dach fällt, denn sie *ist* jeder Sperling.« (58/273)

Die Vorstellung Gottes als die »Summe aller Lebensenergie« erscheint uns heute im Hinblick auf die Erkenntnisse modernster Naturwissenschaft einleuchtend. Materie ist nicht das, was wir wahrnehmen! Und wenn diese Lebensenergie, die »Universen und Individuen erschafft«, einem »allumfassenden Bewußtsein« unterstellt oder gleichgesetzt wird und, im Wechsel der Ausdrucksformen, ihr und diesen »ewige Gültigkeit« zugesprochen wird, so fühlen sich sicher manche von uns verunsichert. Was heißt »allumfassend«, was »ewig«?

Die Frage sollte anders gestellt werden: Was sind Raum und Zeit? Sind nicht Raum und Zeit, wie wir sie uns vorstellen, nur Hilfskonstrukte unserer begrenzten Wahrnehmung, Orientierungshilfen für unser Bewußtsein, das der Erscheinungswelt angepaßt ist, in der wir uns gegenwärtig zum Ausdruck bringen?

12
Das Problem von Raum und Zeit

Dort in der Ewigkeit geschieht alles zugleich,
es ist kein Vor noch Nach wie hier im Zeitenreich.
ANGELUS SILESIUS

Nach den Erkenntnissen des schon erwähnten Wiener Physikers Ludwig Boltzmann (1844–1906) sind »die apriorischen Kategorien von Raum und Zeit bloß selbstverständliche Denkgewohnheiten des Menschen«, die im Laufe der stammesgeschichtlichen Entwicklung entstanden sind. Physiker von heute sagen uns, Zeit sei eine Form von Energie, und sie erklären diese Energie als Krümmung in die vierte Dimension.

Einer der bekanntesten Astrophysiker der Gegenwart, der Russe Nikolai Kozyrew hat sich intensiv mit dem Phänomen der Zeit beschäftigt und in seinen Forschungen nachgewiesen, daß Zeit eine Energie ist, die durch den Geist beeinflußt werden kann. Bei seinen Laboratoriumsversuchen stellte er fest, daß der Zeit eine spezifische Zeitdichte eigen ist: daß Zeit in der Nähe des Empfängers einer Aktion dichter, in der Nähe des Senders dünner ist. Er konnte nachweisen, daß die Zeit um die Ursache dünn, um die Wirkung jedoch dicht ist, wobei Gedanken und Gefühle während der Versuche einen definitiv nachweisbaren Einfluß ausübten. N. Kozyrew sagte einmal, die Zeit sei eine Form von Energie, mit deren Eigenschaften wir uns beschäftigen müßten, um die Quelle zu finden, die das Phänomen »Leben« auf der Welt erhält.

Wir wissen, daß Zeit sich nicht wie Lichtwellen fortpflanzt, sondern überall vorhanden ist, sie ist wohl das rätselhafteste Phänomen der Natur. Es ist der Faktor Zeit, der uns mit dem gesamten Universum verbindet. Kozyrews Versuche zeigen, daß Zeit keine absolute, sondern eine variable, subjektiv veränderbare Größe ist. Zeit, wie wir sie empfinden, ist eine Sinnestäuschung – ausgelöst durch die Art der Impulsübertragung unserer neuronalen »Maschinerie«.

Seit Albert Einsteins Relativitätstheorie wurde alles das, was vorher des Menschen Vorstellung von Raum und Zeit war, über den Haufen geworfen. »Es gab keinen absoluten Raum mehr, auch die absolute Zeit entpuppte sich als Täuschung, als Illusion. Die ›Raumzeit‹ entstand und mit ihr das Raumzeitkontinuum. Wollte man jetzt noch von Zeit sprechen, mußte man auch von Raum sprechen und umgekehrt. Die Wissenschaft mußte plötzlich mit Begriffen umgehen, die einer unmittelbaren Sinneserfahrung nicht zugänglich waren.« (86/35)

In Jane Roberts' *Seth-Material* vermittelt Seth zu diesem Thema beachtenswerte Informationen. Sehr eindringlich betont er immer wieder, daß es in der Realität, aus der er spricht, keine Vergangenheit, Gegenwart oder Zukunft gebe. Alles existiere gleichzeitig; die Vergangenheit sei als Energieansammlung elektromagnetischer Natur sowohl im physischen Gehirn als auch im nichtphysischen Bewußtsein vorhanden. Die wechselseitigen elektromagnetischen Verknüpfungen könnten verändert werden. Ebenso sei die Zukunft in Form elektromagnetischer Verknüpfungen sowohl im Gehirn als auch im Bewußtsein vorhanden. Nur diese Tatsache berechtige uns, die Gegenwart als Gegenwart zu erleben. (58/251)

Doch hören wir uns das, was uns aus der Quelle inneren Wissens zum Phänomen der Zeit und des Raums gesagt wird, wörtlich an:

»Eure Vorstellung von Raum und Zeit hängt mit eurem Nervensystem zusammen. Das bereits erörterte Verschleierungssystem ist so wirksam, daß ihr – notgedrungen – eure Aufmerksamkeit auf die euch gegenwärtige Erscheinungswelt richten müßt... Ihr registriert tatsächlich sogenannte ›Zeit‹ insofern, als eure Pulsschläge auf die Nervenenden überspringen. So werdet ihr euch zeitlicher Intervalle bewußt, denn ihr erlebt die ablaufenden Vorgänge nicht als gleichzeitig. Vergangenheit, Gegenwart und Zukunft erscheinen euch deshalb so überzeugend und logisch, weil zwischen euren Wahrnehmungen, also zwischen euren Erfahrungen, zeitliche Ausfälle zu liegen scheinen.

Es gibt jedoch Persönlichkeitsschichten, die solche Intervalle nicht kennen. Sie nehmen Vorgänge gleichzeitig wahr. Auch sind Wachstum und Entfaltung nicht im Sinne eines erreichten oder vollendeten Zustandes im Bezugsrahmen eurer Zeit anzusehen, sondern eher nach Kriterien der Intensität. Das innere Selbst ist in der Lage, nicht nur auf – sagen wir – Ereignis A zu reagieren und es entsprechend zu bewerten, sondern Ereignis A auch in all seinen Verzweigungen und Wahrscheinlichkeiten zu erfahren und zu verstehen.

Natürlich bedarf es zur Wahrnehmung solcher Erfahrungstatsachen weit mehr als des Nervensystems, mit dem ihr ausgerüstet seid. Euer Nervensystem ist körperlicher Natur, aber doch auch in euren inneren Fähigkeiten, soweit diese dem ›Jetzt‹ verhaftet sind, verankert; es ist eine körperliche Auswölbung des physischen Grundes eures ichverhafteten Selbst. Andere eurer Selbst bedürfen keiner körperlichen Wahrnehmungshilfen. Die nach euren Vorstellungen in Vergangenheit, Gegenwart und Zukunft einteilbare Zeit wäre für viele dieser Selbst ausschließlich als Gegenwart erfahrbar; hingegen würden Vergangenheit, Gegenwart und Zukunft für andere Selbst wiederum nur als Vergangenheit erfahrbar sein.

Stellt euch Vergangenheit, Gegenwart und Zukunft einmal als eine in einer Richtung verlaufende Spurlinie eurer Erfahrung vor, die sich allerdings wie ein filigraner, unsichtbarer Draht ins Unendliche fortsetzt. Sie stellt jedoch nur die Spurlinie eurer rein physischen Erfahrungen dar, der entlang ihr zu reisen scheint, und mehr nehmt ihr nicht wahr. Aus höherer, multidimensionaler Sicht könntet ihr aber – um bei dem Bild, das natürlich nur eine Analogie ist, zu bleiben – zahllose im Raum verlaufende unsichtbare Spurliniendrähte eines unglaublich vielfältigen, wunderbaren Netzwerkes einsehen – und euer Selbst könnte die Spurlinien seiner Erfahrung wechseln, gleichsam von einem Draht des multidimensionalen Netzwerkes zum anderen springen.

Stellt euch dann, indem ihr bei unserer Analogie bleibt, weiter vor, ihr seid das Selbst A. Ihr startet auf der Spurlinie A eurer physischen Erfahrung. Zielbewußt reist nun dieses Selbst A auf der Spurlinie A in Richtung Unendlichkeit. An einem bestimmten Punkt aber geht Spurlinie A in Spurlinie B über, diese dann in Spurlinie C und so immer weiter. Klarerweise könnte sich das auf Spurlinie A seiner Gegenwartserfahrung reisende Selbst A nicht seiner im multidimensionalen Netzwerk reisenden ›Zukunfts‹-Selbst bewußt sein. Doch in der Begegnung mit einem der anderen Selbst kann es solche Erfahrungen machen.

Es gibt allerdings ein Selbst, das diese Spurlinien schon ›abgewandert‹ ist und von dem die anderen Selbst nur ein Teil sind. Dieses Selbst hat in Träumen und dissoziierten Zuständen des Individuums Verbindung mit den verschiedenen ›aufsteigenden‹ Selbst. In dem Maße, wie dieses Selbst zur Erfüllung seines Wesens drängt, kann es sich der im multidimensionalen Netzwerk reisenden anderen Selbst bewußt werden, die ihm dann als zukünftige Selbst erscheinen.« (58/274f.)

Natürlich lassen sich diese Aussagen nur verstehen, wenn man erkennt, daß das innere Selbst außerhalb jeder Zeit, wie wir sie verstehen, existiert. Für uns ist aber sogar die meßbare Zeit, wie sie von uns bewußt wahrgenommen und subjektiv erlebt wird, auch schon in höchstem Maße veränderlich. Sie ist von unserem Erleben abhängig – bald läuft uns etwas »blitzschnell« davon, bald dauert etwas »ewig« – , Zeit ist also eine relative Größe. Die Uhrzeit scheint jedoch unseren alltäglichen Erfahrungen so übergestülpt zu sein, als sei sie absolut und von unserem subjektiven Erleben völlig unabhängig.

Der in der Schweiz lebende deutsche Naturwissenschaftler und Psychologe J. Martin Sorge hat in seinem Buch *Reinkarnation aus neuer Sicht* zu diesem Thema ein interessantes Denkmodell aufgezeigt. Um ein Ziel, zum Beispiel einen Ort, zu erreichen, kann man verschiedene Wege und Transportmittel benutzen. Für eine Reise durch die Zeit jedoch gibt es nur einen einzigen Weg. Wenn man sich die Zeit auf der eindimensionalen Zeitachse als gerade Linie vorstellt, die von der Vergangenheit über die Gegenwart in die Zukunft führt, können wir uns die Geschehnisse, deren Zeugen oder Initiatoren wir sind, etwa so vorstellen wie Perlen, die auf einen Faden aufgereiht sind. Aufgrund des Erinnerungsvermögens können wir nun entlang des Fadens zurück in die Vergangenheit »reisen« und dort Station machen, wo wir ein Geschehen noch einmal erinnern und nachempfinden möchten. Die Reihenfolge solcher »Stationen« ist durch die von Uhr und Kalender scheinbar festgelegte Zeit für »alle« Zeiten fixiert. Aber so läßt sich das Phänomen Zeit nicht erfassen.

Wenn auf der Zeitachse Vergangenheit, Gegenwart und Zukunft scheinbar kontinuierlich ablaufen, so ist das täuschend. In der Vergangenheit sind alle Ereignisse statisch und unverrückbar auf der Zeitachse fixiert; alles ist erstarrt, deshalb auch nachprüfbar, und bei einer »Reise« in die Vergangenheit zumindest der Möglichkeit nach jederzeit wieder auffindbar.

Die Gegenwart aber wandelt sich ständig. Kaum hat man sie wahrgenommen, bewußt realisiert, wird sie im nächsten Moment bereits Vergangenheit. Man kann in ihr nicht verweilen, sie ist der Abschnitt, der die Vergangenheit von der Zukunft trennt. J. M. Sorge kennzeichnet deshalb die Gegenwart als »Punkt ohne Ausdehnung«, denn das, was am intensivsten erlebt wird und am aktuellsten erscheint, weil es in der Gegenwart stattfindet, hat auf der Zeitachse keine Länge, ist nur ein Punkt. »Zeit« kommt einem Geschehen erst zu, wenn es schon wieder der Vergangenheit angehört.

Auch die Zukunft ist auf der Zeitachse durch Uhr und Kalender genau festgelegt. »Dies ist aber auch das einzige, das man mit Bestimmtheit von der Zukunft weiß. Über die Art und Reihenfolge der Geschehnisse aber bestehen nur noch Vermutungen mit sehr unterschiedlicher Zuverlässigkeit. Mit zunehmendem Abstand von der Gegenwart wird die Wahrscheinlichkeit, etwas über die ›Perlen‹ aussagen zu können, die auf dem Faden der Zeitachse aufgereiht sind, immer geringer. Schließlich bleibt nur noch der ›Faden‹ selbst übrig, und auch er wird eines Tages reißen, zumindest für den einzelnen Menschen, wenn am Lebensende die registrierenden Gehirnfunktionen aussetzen.

Seine Uhr tickt dessenungeachtet weiter, eine andere Hand reißt die Blätter vom Kalender...« (72/26f.)

Doch auch die Vergangenheit ist den Erlebnisinhalten nach keineswegs so starr festgelegt, wie dies im Modell auf der Zeitachse zum Ausdruck kommt. Im Rückblick verändert sich die psychische Ladung von Ereignissen, je nach den inzwischen erfolgten Bewußtseinsimpulsen. Die Erlebnisqualität und die Intensität der Empfindungen werden also bei einer »Reise in die Vergangenheit« erheblich variieren. Geschehnisse, die – seinerzeit – in der Gegenwart bedeutungsvoll waren, können rückblickend in ihrer Intensität so verblassen, daß wir uns an sie kaum noch erinnern.

Daher unterscheidet J. M. Sorge zwischen der »mit Uhren oder aufgrund physikalischer Vorgänge (Erddrehung) meßbaren relativen Zeit«, die für alle Menschen in derselben Weise gilt, und der »von jedem einzelnen persönlich erlebten Zeit, die durch die psychische Struktur und die Bewußtwerdungsfaktoren mitbestimmt wird, der subjektiven Zeit«. Der Ablauf der Ereignisse ist in relativer und subjektiver Zeit derselbe, »nicht dagegen die ›psychische Ladung‹, mit der ein Ereignis befrachtet ist. Sie verändert sich mit zunehmendem Abstand vom Ereignis, und zwar nicht infolge des ›Vergessens‹, sondern in Relation mit dem weiteren Erleben, selbst wenn dieses nicht kausal mit jenem Ereignis zusammenhängt«. (72/28)

Subjektiv wird auch die Zeitdauer unterschiedlich erlebt. Je nach Erlebnis »verfliegt die Zeit«, oder etwas »dauert eine Ewigkeit«. Erleben wir etwas Schönes, sind wir glücklich oder in einer neuen Umgebung, scheint die Zeit viel rascher zu vergehen als im Alltag oder etwa in Zeiten von Sorgen und Ängsten. Würde jemand in seiner Erinnerung alle Erlebnisse der Vergangenheit sozusagen in einem Schüttelbecher durcheinanderwürfeln und sich diese befreit vom linearen Ablauf in der meßbaren Zeit, wie sie sich abgespielt haben, zum Beispiel nach dem Kriterium vergegenwärtigen, welche Erlebnisse am angenehmsten waren, dann träten eine neue Gewichtung und eine völlig andere Reihenfolge zutage.

Den Seth-Botschaften zufolge ist die einzige Wirklichkeit, die
der Vergangenheit zukommt, die, die sie den Assoziationen und
inneren Bildern verdankt, die als Energieansammlung elektromagnetischer Natur im Gehirn und im Bewußtsein vorhanden
sind. Dasselbe meint J. M. Sorge mit dem, was er »psychische
Ladung« nennt. Ähnlich verhält es sich mit der Zukunft. Wir
programmieren diese im Vorfeld der möglichen Verwirklichung
unterschiedlicher wahrscheinlicher Ereignisse, entsprechend
unseren Bewußtseinsinhalten. Welche Geschehnisse beziehungsweise Erfahrungen wir letztendlich realisieren, hängt von
diesen Bewußtseinsinhalten, von unseren Plänen und Wün-
schen, von unserer Imaginationsfähigkeit, von der Intensität
unserer Emotionen und unserem Glauben an die Durchführbar-
keit unserer Anliegen ab.

Erfassen wir die in unserer dreidimensionalen Erscheinungswelt gültige Zeit, wie ich vorstehend zu erklären versucht habe,
nicht nur als relativen, sondern auch als subjektiven Faktor und
begreifen wir sie, wie moderne Wissenschaft sie erklärt, als
»Krümmung in die vierte Dimension«, so können wir uns in
dem von der Wissenschaft postulierten vierdimensionalen
Raumzeitkontinuum eher zurechtfinden und uns leichter vorstellen, daß wir jenseits der Erscheinungswelt in einem ewigen
und umfassenden »Jetzt« leben. Im Brennpunkt dieses Jetzt ist
die abrufbare Energiespeicherung eines spezifischen Lebensmusters gesammelt, das in der meßbaren Zeit als ein Leben in
Vergangenheit, Gegenwart und Zukunft erfahren wird. Tatsächlich aber erfahren wir alles Geschehen gleichzeitig; unsere
Erfahrungen sind abtastbar wie Punkte, wie Stationen auf einem
Kreis, der in einer Ebene liegt. So jedenfalls erfährt es unser
Selbst, das sich mit den Erfahrungen unserer Persönlichkeit
nicht begnügt.

Was aber heißt unsere Persönlichkeit? Was versteht man unter
dem Selbst?

13

Das Selbst und die
multidimensionale Persönlichkeit

Bedenke, daß du nur Schauspieler bist in
einem Stück, das der Spielleiter bestimmt.
EPIKTET

Eines Tages begegnete ich dem aus der Psychologie bekannten
Begriff des »Selbst« in einer überraschend neuen Weise –
gelegentlich eines Vortrages über alte Kulturen Polynesiens,
insbesondere Hawaiis. Sehr lebendig wurden dabei die erstaunlichen Fähigkeiten der Kahunas, der aus alter Tradition schöpfen-
den eingeborenen Priester und Magier, herausgestellt. Kurz
danach las ich Max F. Longs Buch *Kahuna-Magie* (37). Der
Autor, der sich um die Erforschung der Eingeborenensprache
Hawaiis verdient gemacht hat, stieß auf Symbole, die einen
»Geheimcode« ergaben. Sein Interesse wuchs, und seinen Forschungen verdanken wir die Kenntnis erstaunlicher uralter
Geheimlehren der Kahunas.

Diesen zufolge könnte man sagen, daß Wesentliches von dem,
was Sigmund Freud und Carl Gustav Jung in unserer Zeit
entdeckten, den Kahunas seit Urzeiten bekannt war. Für sie
kommen jedem menschlichen Wesen drei Selbst zu: ein hohes
Selbst, ein mittleres und ein niedriges Selbst. Das letztgenannte
entspricht etwa der von unserer Psychologie als »Unbewußtes«
umschriebenen Schicht unseres Bewußtseins. Für die Kahunas
ist das niedrige Selbst etwas, das man unter allen Umständen
verstehen muß; sie nennen es »Unihipili« und verstehen darunter ein ebenso selbständig agierendes »Geistwesen« wie das
mittlere und das hohe Selbst. Es stellt gewissermaßen einen in
Entwicklung begriffenen »kleinen Gott« dar.

Dieses niedrige Selbst ist der »Diener« der beiden anderen
Selbst und – wie ein jüngerer Bruder – mit dem mittleren Selbst

verbunden, es hängt an ihm, als wären sie beide Teile eines gemeinsam, aus ihnen »zusammengeklebten« Ganzen. Das niedere Selbst nun steuert die Gesamtheit der vielfältigen Prozesse des physischen Körpers und alle seine Tätigkeiten mit Ausnahme der willkürlichen Muskelbewegungen. In seine »Schattenkörper« gehüllt kann es in den physischen Körper ein- und austreten. Es steckt im Körper, durchdringt und erfüllt jede Zelle, jedes Gewebeteilchen des Körpers einschließlich des Gehirns; sein Schattenkörper ist ein genaues Abbild, ein Negativ jeder Zelle, jedes Atoms des physischen Körpers.

Und es ist Sitz unserer Emotionen, unserer Gefühle wie Liebe, Haß, Angst. Diese können so stark werden, daß sie das mittlere Selbst überfluten und in den Strudel der Emotionen und der von diesen ausgelösten Reaktionen hineinziehen. Der Vorgang entspricht etwa den Impulsen des Unbewußten, die unser Bewußtleben steuern. Das niedrige Selbst erzeugt auch die vom Lebewesen benötigte Vitalkraft, die es mit dem mittleren Selbst teilt, das diese Kraft wiederum als Willen einsetzen kann. Das niedrige Selbst empfängt die sensorischen Eindrücke der Sinnesorgane und präsentiert sie dem mittleren Selbst – das offenbar unserem Wachbewußtsein entspricht – zur Auswertung.

Das niedrige Selbst speichert in Form von Engrammen alle Eindrücke und Gedanken, so wie man Töne auf einer Schallplatte oder Worte auf Papier aufzeichnet. Wichtig ist noch, daß das niedrige Selbst durch Suggestionen beeinflußbar ist und der Vernunft nicht zugängliche Daten speichert, die dem mittleren Selbst kaum zur Verfügung stehen, da es von ihnen nichts weiß. Auf solche »Fixationen« oder »Komplexe« kann das niedrige Selbst aber unter Umständen so stark reagieren, daß das mittlere Selbst diese Reaktionen nicht mehr beherrschen kann, wodurch es zu gravierenden Schwierigkeiten kommen kann. Grundsätzliche Aufgabe des mittleren Selbst, das über Urteilsfähigkeit verfügt, ist es, das niedrige Selbst zu belehren und zu beeinflussen.

Die dritte und höchste Bewußtseinsstufe ist das hohe Selbst. Erreicht man diese, so kann man Wunder wirken. Dieses hohe

Selbst existiert außerhalb des physischen Körpers als selbständiges Geistwesen, kann sich aber – je nachdem – nahe oder weit weg vom physischen Körper aufhalten. Das niedrige und das mittlere Selbst sind mit dem hohen Selbst durch eine Kommunikationsleitung, die »Akaschnur«, miteinander verbunden.

Arbeiten alle drei Selbst frei und leicht zusammen, so kann das niedrige Selbst auf Verlangen des mittleren Selbst über diese »Schnur« jederzeit das hohe Selbst anrufen, das wiederum die Verwirklichung solcher Wünsche herbeiführt.

Die Kahunas nennen das hohe Selbst »Aumakua«. In dem Wurzelwort »Au«(makua) sind dem Sinn nach Begriffe wie Weisheit und Vertrauenswürdigkeit enthalten, aber auch die Bedeutung der »Schnur«, der Verbindungsleitung, die das hohe Selbst mit dem unteren Selbstpaar verbindet, und zusätzlich noch die Bedeutung »geistige Wirkung« und »Fluß oder Strom im Meer«. »Makua« bedeutet Vater (Elternteil); »ma« bedeutet begleiten. Das hohe Selbst begleitet demnach die beiden anderen Selbst als Führer durch das Leben.

Es ist interessant, daß nach den alten Kahunalehren alle Umstände und Begebenheiten, um die der Mensch das hohe Selbst im Gebet bittet, zuerst von diesem aus einer unsichtbaren Substanz vorgeformt werden müssen, die Kahunas nennen sie »Akasubstanz«. Diese »Formgebung« aus unsichtbarer Substanz wird dann nach und nach erst »verfestigt«, sozusagen materialisiert. Erst wenn dieser Verfestigungsvorgang beendet ist, treten die erbetenen Umstände oder Tatsachen in der Erscheinungswelt zutage.

Die Kahunalehren nehmen zweifellos vieles von dem vorweg, was heutige Psychologie neu entdeckt zu haben glaubt. Diese und andere ähnliche Lehren verloren aber mit dem Aufkommen des Gotteskonzepts des Monotheismus zunehmend an Bedeutung. Die Juden schenkten der Welt erstmals die Idee des einen einzigen anthropomorphen Gottes, von der auch das Christentum geprägt ist. Diese Idee religionsgeschichtlichen Fortschritts war aber auch der Grund dafür, daß das in vielen Religionen verankerte Konzept eines allumfassenden, unendlichen Bewußtseins, zu dem der Mensch kraft Geistes Zugang hat, weitgehend in Vergessenheit geriet oder verlorenging. Zwischen dem menschlichen und dem göttlichen Bewußtsein klafft eine riesige Leere, so daß es schwerfällt, Gott als allumfassendes, unendliches kosmisches Bewußtsein oder als die Summe aller Energie zu begreifen, wie uns das moderne Physik und heutige Psychologie nahelegen.

Immerhin: Auch in den christlichen Kirchen spricht man mit Berufung auf die *Evangelien* oft von dem »uns innewohnenden Gott«, dem »Vater, der uns innewohnt«. Die Worte Jesu »Das Königreich ist in euch« verdeutlichen dies. In den wedischen Schriften wird Gott als Überseele dargestellt, in der die individuelle menschliche Seele – als Teil von ihr – aufgehoben ist. Und den Kahunalehren zufolge ist hawaiianisch »Akua noho« der »Gott, der in jemandem wohnt«. Das Wurzelwort »Akua« wiederum bedeutet Intelligenz, Kraft, höheres Wesen.

Ich habe die Lehren der Kahunas so ausführlich dargestellt, weil sich ihr Ideengut mit vielen Aussagen deckt, die von höchstsensitiven Medien empfangen wurden und die ganz besonders zu dem passen, was Seth – der »Energiepersönlichkeitskern, der nicht mehr im Physischen zentriert ist«, oder die »Trancepersönlichkeit« der Jane Roberts – uns sagt. Laut Seth ist unsere Seele »multidimensional«. Dem »egotistischen Selbst« unserer der Materiewelt verhafteten Persönlichkeit steht, übergeordnet, ein »inneres« oder »höheres Selbst«, das »Gesamtselbst«, gegenüber, über das wir Zugang zum kosmischen Bewußtsein haben – zu Gott, der »Summe aller Energie«.

Jane Roberts in ihrem bereits erwähnten Buch *Das Seth-Material*:

»Der physische Körper und seine Sinne sind laut Seth unsere ›Spezialausrüstung‹, die uns ermöglicht, in der körperlich-materiellen Realität der Erscheinungswelt zu leben. Um andere Realitäten wahrzunehmen, müssen wir uns der inneren Sinne bedienen – der Methoden einer Wahrnehmung, über die das innere Selbst verfügt und die ungeachtet einer allfälligen physischen Existenz wirksam sind. Seth nennt die Welt, die wir kennen, ein ›Verschleierungssystem‹, nachdem alles Materielle nur die Erscheinungsform ist, die die Vitalität der Wesenheit annimmt. Auch andere Realitäten haben ihre Verschleierungen, doch in ihnen arbeitet das Bewußtsein mit einer für diese Zwecke maßgeschneiderten ›Ausrüstung‹. Dank der inneren Sinne vermögen wir durch die Verschleierung hindurchzusehen.

Die inneren Sinne sind gleichsam körperlose Organe des Gesamtselbst als des psychischen Urgrundes. Mit Seths Worten:

›Die Persönlichkeit, wie ihr sie euch gewöhnlich vorstellt, lebt schon einmal auf der Grundlage des das handelnde Ich beeinflussenden persönlichen Unbewußten. Darüber hinaus gibt es jenes kollektive Unbewußte, das Teil der ganzen Menschheit ist. Und nochmals darüber hinaus, unverzerrt und von euch abrufbar, gibt es das inhärente Wissen eures Gesamtselbst, das in jede Realität, deren Gesetzmäßigkeiten und Gestaltungsprinzipien hinausreicht.

In eurer Wesenheit findet ihr das ureinst eingegebene Wissen, wie es zur Schöpfung der Verschleierungswelt, die ihr kennt, kommt und welche Mechanismen dabei eine Rolle spielen, und in ihr findet ihr auch viel von dem Wissen, das ich euch durchgegeben habe. In eurem inneren Selbst könnt ihr die Mittel und Wege entdecken, wie es zu den verschiedenen Existenzen in multidimensionalen Realitäten kommt. In eurer Wesenheit liegen die Antworten auf alle eure Fragen. Das innere Selbst weiß, wie es die vorhandene vitale Energie verändert und in unterschiedlichen Realitäten zum Ausdruck bringt.‹

Welche Worte! Was Seth sagt, bedeutet, daß jeder von uns Zugang zum inneren Selbst hat und daß die inneren Sinne uns dazu verhelfen, andere Wirklichkeiten als die bloß dreidimensionale Realität wahrzunehmen. Es bedeutet: Wir brechen zu neuer Erkenntnis zunächst bei unserer ureigenen subjektiven Erfahrung auf, wobei wir von der unseres Ich ausgehen. Die körperlichen Sinne helfen uns, die äußere Realität, wie wir diese kennen, wahrzunehmen. Die inneren Sinne jedoch lassen uns demgegenüber innere Realitäten wahrnehmen.« (58/249f.)

Der Unterschied zwischen der von Seth immer wieder erwähnten »Wesenheit« und der »Persönlichkeit« wird wie folgt charakterisiert:

»Die Wesenheit ist nicht mit der Persönlichkeit gleichzusetzen. Die Persönlichkeit stellt nur die Aspekte der Wesenheit dar, die ihr innerhalb der dreidimensionalen Existenz zur Geltung bringen könnt... Die Persönlichkeit kann nach den Kriterien eurer Begriffe von äußeren Bedingungen beeinflußt und geprägt werden; die Wesenheit hingegen benutzt zwar alle Erfahrungen, wird aber von diesen nicht gleichsam *nolens volens* hin und her geschüttelt. Es stimmt, daß es für das Selbst keine Grenzen gibt und daß es über die Persönlichkeit weit hinausgreift in die Umwelt. Gegenwärtige Theorien über die Natur der Persönlichkeit ziehen die Tatsächlichkeit der außersinnlichen Wahrnehmung, also von Telepathie und Hellsehen, oder die Tatsache richtig verstandener Reinkarnation nicht in Betracht. Was ihr habt, ist in der Tat eine Psychologie für eure dreidimensionale Welt. Eure Wesenheit wirkt aber in vielen Dimensionen...« (58/241)

Carl Gustav Jung hat als Pionierpsychologe auf diesem Gebiet eindringlich darauf hingewiesen, daß unser Unbewußtes gleichsam autonom agiert und eine steuernde Funktion in Richtung Ganzheit nicht nur unserer Persönlichkeit, sondern auch unserer Wesenheit ausübt, die unserem Wachbewußtsein entzogen ist. In Zuständen veränderter Wahrnehmung, nämlich in Zuständen herabgesetzten Bewußtseins, in denen rationales Denken und die Wahrnehmung unserer Sinnesorgane weitgehend ausgeschaltet sind, können unbewußtes Wissen und Wirken aber erfahren werden. Solche Zustände herabgesetzten Bewußtseins durchleben wir in Trance, im Zuge der Meditation oder im Traum. Da begegnen sich das bewußte Ich der Persönlichkeit und das unbewußte Selbst, das, Raum und Zeit enthoben, im Unvergänglichen beheimatet ist.

Was geschieht denn nun eigentlich im Traum? Träumt mein Ich, oder träumt mein Selbst? Und stehe ich oder mein Selbst mit anderen Selbst in Verbindung? Ist der Traum wirklich die zeit- und raumlose Bühne unbewußten oder höheren Lebens? Kann ich im Traum dem Verstand entzogenes Wissen und höhere Einsichten erlangen und auf diese Weise vielleicht sogar Hilfe zur Lösung etwaiger Probleme und bedrängender Fragen bekommen?

14

Das träumende Selbst und
die Traumrealität

Was der Traum zeigt, ist der Schatten dessen,
was an Weisheit im Menschen vorhanden ist,
selbst wenn er im Wachzustand nichts davon wissen will.

PARACELSUS

Wir alle träumen, ob uns dies bewußt ist oder nicht. Etwa ein
Drittel unseres Lebens verbringen wir schlafend. Schlafen und
Wachsein bedingen einander wie Ausatmen und Einatmen, wie
Tag und Nacht, wie Leben und Tod.

Der Wach-Schlaf-Rhythmus folgt einer zirkadianen Periodik,
das heißt, er vollzieht sich in einem biologischen Rhythmus. Mit
dem Eintritt des Schlafs treten Veränderungen im Organismus
auf: es kommt unter anderem zu einem Abfall der Körpertemperatur, des Herzschlags, der Atemfrequenz. Diese Veränderungen kann man jedoch nicht ursächlich auf den Schlaf zurückfüh-
ren, da zahlreiche Versuche gezeigt haben, daß die Tagesperio-
dik anderer vegetativer und psychischer Meßgrößen auch bei
Schlafentzug bestehen bleibt. Daraus kann man folgern, daß
dem Menschen und übrigens auch anderen hochorganisierten
Vielzellern eine ganze Reihe zirkadianer Oszillatoren mit unterschiedlicher Periodendauer zu eigen sind. Diese werden teils
untereinander, teils durch äußere Zeitgeber synchronisiert und
hängen nur insofern auch vom Wach-Schlaf-Zyklus ab.

Einen deutlichen Hinweis auf die eigenständige Periodik
vegetativer Rhythmen ergaben Untersuchungen an Schichtar-
beitern, bei denen sich Körpertemperatur und Rhythmen in
ihrer Phasenlänge auch bei längerer Nachtarbeit nicht verschoben. Das gleiche Phänomen taucht bei Langstreckenflügen auf.
Man hat festgestellt, daß die zirkadianen Systeme häufig mehrere
Perioden brauchen, um ihre normale Phasenlänge zurückzuge-

winnen. Eine der Folgen dieser Konfliktsituation ist die Herabsetzung der Leistungsfähigkeit, die zur Häufung von Fehlleistungen und Unfällen führen kann. Die Dissoziation der vegetativen Funktionen bei Schlafentzug oder verschobenen Schlafrhythmen kann also ein Grund für vorübergehende Leistungsminderung sein.

Daraus können Sie erkennen, wie wichtig der Schlaf ist. Die zirkadiane Rhythmik des Wach-Schlaf-Zyklus wird offensichtlich vererbt und ist als phylogenetische (stammesgeschichtliche) Anpassung an die Periodik unserer Umwelt aufzufassen. Sie versetzt den Organismus in die Lage, sich im voraus auf die jeweils zu erwartenden Veränderungen der Umweltbedingungen einzustellen. Wir nutzen bestimmte Tageszeiten zu bestimmten gewohnten Tätigkeiten aus; tagsüber arbeiten, in der Nacht schlafen wir, und unser Organismus folgt der sogenannten »inneren Uhr«.

Im Wachzustand ist der Mensch bewußt und aktiv mit der Umwelt in Kontakt, im Schlaf ist dieser jedoch weitgehend aufgehoben. Er ist allerdings nicht völlig ausgeklinkt, denn Reize, insbesondere wenn sie »Schlüsselcharakter«, also eine besondere Bedeutung haben, können uns schlagartig aufwecken. So kann eine Mutter vom leisen Weinen ihres Babys geweckt werden, wogegen sie zur selben Zeit lauten Straßenlärm überhört.

Die wünschenswerte Schlaftiefe, das Durchlaufen der einzelnen Schlafstadien und das Fernhalten störender Umweltreize sind wichtig für guten Schlaf und somit für das Wohlbefinden. Wenn wir schlafen, befinden wir uns in einem Bewußtseinszustand, der sich von dem der Wachheit unterscheidet. Und wie im Wachzustand die nach außen gerichtete Aufmerksamkeit erheblich schwanken kann, lassen sich auch für die verschiedenen Schlafstadien Unterschiede feststellen.

In jüngster Zeit wurden auf dem Gebiet der Schlaf- und Traumforschung große Fortschritte erzielt. Mit Hilfe moderner Forschungstechniken, von der Neurochirurgie bis zu komplizierten elektrischen Apparaten, sowie der erweiterten Kenntnisse vom menschlichen Gehirn, vom Zentralnervensystem und von der Biochemie, gelang es den Wissenschaftlern, vieles von dem zu beschreiben, was geschieht, wenn wir träumen. Sie sind heute in der Lage, so manche althergebrachten und unkontrolliert übernommenen Vorstellungen von Schlaf und Traum zu widerlegen und in das bisher von Tabus und Aberglauben umhüllte Dunkel Licht zu bringen.

Die Physiologie des Schlafs ist ein Fachgebiet, das mehrere Wissenschaftszweige, nicht nur die Medizin angeht. Auf Nathaniel Kleitman von der Universität Chikago und seinen Kollegen Eugen Aserinsky geht das Verdienst der Entdeckung zurück, daß der Schlaf nach einem Rhythmus verläuft und daß es fünf charakteristische Schlafstadien gibt, die sich erheblich voneinander unterscheiden.

Durch die Messung der Hirnströme, die im Elektroenzephalogramm (EEG) aufgezeichnet werden, lassen sich diese Schlafstadien feststellen. Im Wachzustand herrschen Alphawellen vor. Beim Einschlafen, im Zustand leichtesten Schlafs, werden diese von den langsameren Thetawellen (größerer Amplitude) abgelöst; dabei können optische, aber auch akustische Sinnestäuschungen auftreten. In der Phase des Leichtschlafs, in der das EEG plötzliche Ausschläge, sogenannte »Sägezähne« aufzeichnet, werden meist Tageserinnerungen lebendig. Die mittlere Schlaftiefe ist durch die allmähliche Ablösung der Thetawellen durch die noch langsameren, mehr synchronisierten Deltawellen gekennzeichnet. Im Tiefschlaf herrschen die Deltawellen vor. Diese Phase beträgt etwa ein Fünftel der Nachtruhe.

Im Verlauf einer Nacht werden die einzelnen Schlafstadien mehrfach durchlaufen, im Durchschnitt drei- bis fünfmal, wobei die Schlaftiefe gegen Morgen abnimmt. Der Schläfer träumt, wenn sogenannte Salven »schneller Augenbewegungen« auftreten. Diese sind für das Träumen so charakteristisch, daß die durch schnelle Augenbewegungen (*R*apid *E*ey *M*ovement, abgekürzt REM) gekennzeichneten Stadien als REM-Phasen bezeichnet werden. Das EEG gleicht während der REM-Phasen dem Einschlaf-EEG. Obwohl es sich dabei nur um Leichtschlaf handelt, kann der Schläfer aus diesem Schlaf weit schwerer aufgeweckt werden als aus anderen Schlafstadien. Daher werden die REM-Phasen desynchronisierter »paradoxer Schlaf« genannt und die Non-REM-Phasen (NREM-Phasen) »orthodoxer Schlaf«, der durch ruhige, synchronisierte Gehirnwellen gekennzeichnet ist.

Im normalen Schlaf treten REM-Phasen etwa alle eineinhalb Stunden auf. Ihre Dauer beträgt im Schnitt zwanzig Minuten und nimmt im Verlauf der Nacht zu. Aufgrund der durchgeführten Hirnstrommessungen erscheint heute als gesichert, daß sich Träume meistens im REM-Schlaf einstellen. Doch auch im Non-REM-Schlaf laufen geistig-seelische Prozesse ab. Zwar sind Traumberichte nach solchen Phasen sehr viel seltener, aber es treten dabei andere Aktivitäten wie Sprechen im Schlaf, Schlafwandeln oder auch Bettnässen auf. In jedem Schlafstadium ist der Mensch in der Lage, Reize aufzunehmen und zu verarbeiten, wenn auch anders als im Wachzustand.

Träume können durch vorangegangene Erlebnisse beeinflußt werden. Bisweilen finden während des REM-Schlafes auch äußere Reize, besonders akustische, in Träume Eingang. Besonders aber sind es unsere – bewußten und unbewußten – Bewußtseinsinhalte, die sich in unser Traumleben vordrängen, und von diesen wiederum vor allem die ins Unbewußte verdrängten oder unterdrückten Erfahrungen und Konflikte.

Sigmund Freud, der »Vater der Traumanalyse«, hat als erster auf empirische Weise den Traum als Ausdruck des Unbewußten erforscht. Er ging von der Annahme aus, daß Träume nicht zufällig erscheinen, sondern mit Problemen zusammenhängen, die verdrängt und ins Unterbewußtsein verlagert wurden. Diese Vermutung war keineswegs willkürlich, sondern beruhte auf der Schlußfolgerung hervorragender Neurologen, der zufolge neurotische Symptome mit einst bewußt gemachten Erfahrungen in Zusammenhang stehen. Die von ihm in seinem Standardwerk *Die Traumdeutung* (18) veröffentlichten Forschungsergebnisse sind auch heute noch von allergrößtem Interesse.

Carl Gustav Jung zufolge produziert der Mensch in Träumen

unbewußt und spontan Symbole, also etwas, das mehr bedeutet, als man auf den ersten Blick erkennen kann, weil die dem Bewußtsein infolge rationalen und konditionierten Verhaltens anhaftenden Begrenzungen im Traumleben wegfallen. Im Traum tritt auf einem schöpferisch-kreativen Urgrund eine Welt voll phantastisch verkleideter Symbolik zutage, in der die Bildersprache des Unbewußten, durch keinerlei rationale Einwände mehr beengt, sich voll entfalten kann.

Wie das Blut im Körper eines Menschen durch die Nierenfunktion von bestimmten harnpflichtigen Substanzen befreit wird, also einer Klärung unterzogen wird, so haben ähnlich auch Träume eine ebenso lebenswichtige Klärungsfunktion für die Seele. Traumforscher und Psychologen bestätigen, daß Traumerlebnisse das grundlegende und bestzugängliche Material sind und bleiben, um Unbewußtes ans Licht zu heben und die menschliche Psyche zu erforschen. In vielen Träumen machen sich Bilder und Assoziationen geltend, die urtümlichen Vorstellungen gleichkommen, wie sie in Mythen und Märchen überliefert sind; es sind archaische Urbilder archetypischen Wissens, das im Laufe der Evolution im menschlichen »Gedächtnis« überlebt hat. Träume bilden eine Brücke, ein Bindeglied zwischen der uns rational bewußten, materiellen Erscheinungswelt und der inneren Welt des Unbewußten.

Im Schlaf erlebt der Mensch die Realität seines Unbewußten, die der Wirklichkeit seines Bewußtlebens sogar überhoben ist. C. G. Jung hat überzeugend dargelegt, daß das Vorhandensein einer unbewußten Psyche zum gemeinsamen Erbe der ganzen Menschheit gehört. Da die Psyche ihre eigene Substanz nicht erkennen könne, enthalte jede Erfahrung auch eine große Anzahl unbekannter Faktoren. Viele Ereignisse bleiben unterhalb der Bewußtseinsschwelle, und wir würden uns ihrer oft erst später in einer plötzlichen Intuition oder durch intensives Nachdenken gewahr – oder eben im Traum.

In Jane Roberts' Buch *Die Natur der persönlichen Realität* entwickelt Seth ziemlich umwälzende Ansichten über Träume.

»Da ihr körperliche Wesen seid, müssen sogar eure Träume

in die Realität eures Fleisches übersetzt werden... Jeder von euch erschafft eine gesamthafte Traumwelt, in der es zwar gewisse generelle Übereinstimmungen gibt, jedoch jedes Erlebnis originell ist. Die Traumwelt ist ebenso Realität wie die äußere Welt. In der Außenwelt eurer Erfahrung kommen eure Glaubenssätze zur Geltung, und erst mit der Zeit wird ihre Materialisierung sichtbar. Aus einer unendlichen Vielzahl wahrscheinlicher Erfahrungen wird in der Regel nur eine für euch physisch erfahrbar. Die Traumwelt ist hingegen eine schöpferische Situation, in der wahrscheinliche Erfahrungen augenblicklich materialisiert und in konkreter oder symbolischer Form vor euch ausgebreitet werden. Ihr wählt euch unter diesen dann diejenige aus, die sich für die physische Verwirklichung am besten eignet. Es gibt noch andere wichtige Gründe, warum ihr träumt, aber hier wollen wir uns auf diesen speziellen Aspekt und die Traumlandschaft als solche beschränken.« (57/442)

Entgegen den heutzutage allerdings sehr umstrittenen Vorstellungen der Schulpsychiatrie, denen zufolge Geist und Seele ihre Existenz ausschließlich chemo-physikalischen Vorgängen im Gehirn verdanken und nur Epiphänomene des Materiellen darstellen, wird hier für die Psyche im Traum dieselbe Realität wie im Wachzustand in Anspruch genommen. Der noch immer herrschenden Meinung der Naturwissenschaften, daß allein chemisch-physikalische Einwirkungen auf die Gehirnzellen das seelische Geschehen beeinflussen, steht das Bild der Psyche als einer in stetem Wachsen begriffenen, schöpferisch-kreativen Seinskomponente gegenüber.

Der Seinszustand, der uns aufgrund sinnlicher Wahrnehmung bewußt wird, ist nur ein minimaler Teil dessen, was das gesamte Ausdruckspotential der Psyche zu entfalten vermag – jenseits des winzigen Teils, der sich durch unseren Körper auf rein materieller Ebene ausdrückt. Im Traumzustand agiert die Psyche frei und unbehindert von körperlichen Bindungen und physischer Erfahrung, und um ihre Erfahrung dem Wachbewußtsein deutlich zu machen, benutzt sie die symbolische Bildersprache der Träume. Selbst wenn deren Sinngehalt dem

Träumenden nicht immer sofort erkennbar ist, hat das Traumgeschehen dennoch eine kompensatorische, harmonisierende Wirkung auf die Psyche.

Es ist sicher so, daß wir im Traumzustand viel beweglicher
sind. Im Traum kann sich ein Baum in einen Vogel verwandeln.
Doch weil wir, wenn wir uns eines Traums erinnern, meinen, ein
Traumerlebnis müsse so ähnlich wie das tägliche Leben sein,
erscheinen uns so viele Träume als chaotisch. Da unsere Vorstellungen und Gefühle aber im Traum von allen Alltagsbeschrän-
kungen befreit sind, wählt unsere Psyche die ihnen entsprechende Landschaft und das Traumgeschehen, das sie zum Ausdruck
bringen kann und will.

»Doch wie ihr euer Alltagsleben kraft eurer persönlichen
Gefühle und eurer zu Glaubenssätzen erhärteten Überzeugungen erzeugt, so bringt ihr auch eure Traumrealität hervor. Im
Traum werden jedoch Gedanken und Gefühle ›augenblicklich‹
lebendig, sie quellen auseinander hervor und erscheinen in voller
Entfaltung. Die Traumwelt existiert natürlich auch in energetischer Form, das aber in Bereichen, die physisch nicht offenbar
werden. Ein Großteil eurer innerpsychischen schöpferischen
Arbeit und Planung findet auf dieser Ebene statt. Es muß aber,
wie gesagt, zwischen Traum- und Wachleben klar unterschieden
werden, damit ihr euch im Alltagsleben zurechtfinden könnt.
Andererseits besteht jedoch kein Grund für die allgemein übli-
che strenge Trennung zwischen eurer Wach- und Schlafexi-
stenz.« (57/443 f.)

Tatsächlich macht sich die Psyche immer geltend – im Traum-
wie auch im Wachleben. Im Traum kann sie sich allerdings freier
ausdrücken. Indem wir uns an unsere Träume erinnern, werden
uns Erfahrung und Wissen zuteil, das uns unterhalb der Bewußtseinsschwelle innewohnt. Wenn wir erkennen, daß sowohl
das träumende Ich wie auch das wachende Ich, wenn sie auch in
verschiedenen Milieus agieren, vom Selbst gesteuert sind und
dieses uns inneres Wissen zu offenbaren vermag, dann können
wir an unserem Traumleben nicht vorbeigehen. Seine Symbole
sind natürliche, spontane Erscheinungen; es erfindet sie nicht.

Wenn wir die Sprache des Unbewußten verstehen lernen, können wir unser inneres Wissen besser ausnutzen und uns ein reiches, schöpferisches Potential zugänglich machen.

Lebenskrisen haben meist eine lange Vorgeschichte, die im Unbewußten schwelt, wie auch so viele Probleme und Herausforderungen, die wir bewußt nicht zu erkennen vermögen. Im Unbewußten sind sie gespeichert und werden uns in Träumen mitgeteilt. Oft vermag uns ein Traum, wenn wir ihn beachten, subtile Hinweise und überraschende Lösungen für bedrängende Probleme zu liefern. Das ist von zahllosen Menschen bezeugt worden.

»Es kann natürlich einige Zeit dauern, bis euer Bewußtsein eine im Traum gestellte Diagnose erkennt oder akzeptiert. Ihr könnt ihr später in abgewandelter Form, als ein ›Gespür‹ oder eine plötzlich aufblitzende Intuition oder in Form eines bestimmten ›Tatendurstes‹, wiederbegegnen. Wenn ihr kein Vertrauen zu euch habt, dann werdet ihr solche Impulse ignorieren.« (57/444 f.)

Vieles von dem, was Jane Roberts uns an Seth-Kundgaben über Träume übermittelt, deckt sich mit den Erkenntnissen moderner Traumforscher und Fachpublizisten, die sich mit diesem Thema beschäftigt haben. Ann Faraday berichtet in ihrem Buch *Deine Träume, Schlüssel zur Selbsterkenntnis* (13) wie auch Patricia Garfield in dem Buch *Kreativ träumen* (19) und Peter Walden in seiner *Hohen Schule der Traumdeutung* (81), daß wir lernen könnten, unsere Träume zu planen, zu kontrollieren und zu steuern. Bewußt könne man sich in den Traumzustand versetzen und dem Unbewußten suggerieren, Traummaterial zu produzieren, das hilfreich bei der Lösung von Problemen und Konflikten sein kann. So können wir tatsächlich im Schlaf zur Quelle innerer Weisheit finden, die in uns selbst verborgen ist. Peter Walden stellt in dem erwähnten Buch »zehn goldene Regeln zur Steuerung der Träume« und auch Anleitungen zusammen, wie man sich »die phantastische Erfahrung luziden Träumens« verschaffen kann. (81/32 ff.) »Luzid« ist ein Traum, wenn der Träumer im Zuge des Träumens ganz deutlich erkennt, daß er träumt, somit sein Traumerlebnis als solches im Traum erkennt.

In unserem »kopflastigen« Leben haben wir weitgehend verlernt, unsere Gefühle ernst zu nehmen und uns ihrer Energie zu bedienen. Sie gelten gemeinhin als irrational und werden ignoriert und verdrängt. Im Traum kommt das solcherart unterdrückte Gefühl zur Sprache, unsere Gefühlsbedürfnisse und Gefühlskonflikte. Zweifellos wird das individuelle Wachstum der meisten von uns durch fehlgeleitetes, destruktives Denken, aber auch infolge gesellschaftlicher Zwänge und Äußerlichkeiten stark behindert; in Traumerlebnissen werden wir auf psychische Defizite hingewiesen und sogar in die Lage versetzt, das seelische Gleichgewicht wieder herzustellen.

Doch nicht nur aus diesem Grund sind Träume eine biologische Notwendigkeit. Werden wir am Träumen gehindert, werden wir krank! In den USA wurden in jüngster Zeit umfangreiche Studien durchgeführt, bei denen zahlreiche Versuchspersonen immer wieder gerade dann aus dem Schlaf gerissen wurden, wenn die Hirnstromkurven und die rollenden Augen ankündigten, daß sie zu träumen begannen. Diese Testpersonen hatten nach wenigen Tagen das Gefühl, krank zu sein. Die »gestohlenen« Träume machten sie gereizt und angriffslustig. Manche von ihnen wurden aber auch extrem ängstlich. Andere litten infolge des Traumentzugs an Verfolgungswahn und Minderwertigkeitsgefühlen, wieder andere unter übergroßer Nervosität und Appetitlosigkeit, so daß die Experimente abgebrochen werden mußten.

Ein faszinierendes Phänomen und im Zusammenhang mit der Thematik dieses Buches besonders interessant sind einerseits schöpferisch-kreative Träume und andererseits Wahrträume oder, wie die Parapsychologie sie nennt, präkognitive Träume, die Zukunftsgeschehen vorwegnehmen. Unter »Präkognition« (Vorauswissen, Zukunftsschau) ist einfach außersinnliche Wahrnehmung (ASW) in die Zukunft zu verstehen. Zu den präkognitiven Träumen zählen auch die Warnträume.

Es führte zu weit, würde ich hier mein Buch mit Beispielen der einen und anderen Art solcher Träume anfüllen. Peter Walden hat in seinem erwähnten Werk zahlreiche Beispiele schöpferisch-kreativer Träume berühmter Erfinder, Schriftsteller, Musiker und Maler sowie auch Beispiele von »Wahrträumen Prominenter« aus Politik und Kunst geschildert. (81/117 ff.)

Was Beispiele präkognitiver Träume anbelangt, so verweise ich auf das Standardwerk *Parapsychologie – Tatsachen und Ausblicke* des schon erwähnten Pionierforschers Milan Rýzl. (63/191 ff.) Er bringt in diesem Buch auch viele Beispiele. Wie dieser kritische Wissenschaftler darlegt, seien allerdings Fälle »umfassender Präkognition« in Träumen eher nur selten beobachtet beziehungsweise einwandfrei belegt worden. In Traumerlebnissen wirken ja oft auch Tageserlebnisse, Alltagsprobleme und seelische Konflikte nach, ganz abgesehen von der möglichen Verzerrung allen Geschehens infolge des Spiels der freien Phantasie. Dessenungeachtet seien aber auch Fälle umfassender Traumpräkognition bekannt. Hingegen würden Warnträume – mit nur partiellem präkognitivem Gehalt – sehr häufig auftreten.

Tatsächlich hat jeder von uns schon solche Warnträume oder warnende Wahrträume gehabt – ob Sie sich nun daran erinnern können oder nicht. Und auf diese Träume sollten wir immer achten. Wir können dabei nur gewinnen.

Alles dies macht deutlich, daß uns in Träumen unbewußtes inneres Wissen und intuitive Einsichten zuteil werden können. Wir müssen nur lernen, uns unserer Träume zu erinnern und ihre symbolische Verschlüsselung zu verstehen. Oft drückt die schöpferische Psyche im Traum gänzlich neue Ideen und Überzeugungen aus, die nie zuvor unser Bewußtsein erreicht haben. So gibt sie uns spielerische Möglichkeiten, unsere eigene Kreativität zu entfalten.

Doch kehren wir nochmals zurück zu den in der *Natur der persönlichen Realität* entwickelten Seth-Ideen:

»Obgleich eure Glaubenssätze eure Traumaktivität größtenteils strukturieren, spielen auch noch andere Faktoren hinein, und zwar einfach, weil eure Bewußtheit nicht *gezielt* auf die physische Realität eingestellt ist. In der Wachexistenz erprobt ihr eure Ideen an der Tatsachenwelt. Tatsachen sind natürlich nur akzeptierte Dichtung, doch die Ideen müssen Sinn haben und in die akzeptierte ›Handlung‹ derselben hineinpassen.

Im Traumzustand nehmt ihr euch mehr Freiheiten heraus, indem ihr mit bestimmten Ideen und Glaubenssätzen in einem dehnbaren Rahmen herumexperimentiert. Ihr könnt euch daher im Traumzustand neue Glaubenssätze aneignen, und die intellektuelle Einsicht kann erst ›später‹ erfolgen. Im Traum ist das Bewußtsein viel nachsichtiger und spielerischer. Es kann sich diese größere Nachsichtigkeit leisten, weil es ganz genau weiß, daß es seine Thesen nicht sofort im Kontext des täglichen Lebens erproben muß. Es richtet den Blick bereitwillig nach innen, auf den Bereich innerer Selbsterfahrung, um zu sehen, ob es dort etwas Nützliches finden kann, genau wie ein Forschungsreisender, der in jungfräulicher Landschaft nach Naturschätzen sucht.

Das auf die Außenwelt hin orientierte Bewußtsein muß innerhalb des raumzeitlichen Kontextes agieren, denn nur in diesem Rahmen kann es Ereignisse klar wahrnehmen. Im Traumzustand ignoriert es raumzeitliche Beziehungen weitgehend, und doch steht es fest auf dem Boden der Körperfunktionen. Träume werden daher physisch erfahren. Ihr erlebt sie, wie ihr redet, eßt, rennt, auf physische Weise – nur daß diese Aktivitäten nicht von dem auf dem Bett ausgestreckten Körper ausgeführt werden. Es sind jedoch Sinnesdaten, die sehr lebhaft und doch wiederum von einem undurchsichtigen Blickwinkel aus erfahren werden. Mit anderen Worten: In den meisten Träumen werden solche Daten noch im Lichte körperlichen Lebens aufgenommen und interpretiert. Das sind übrigens die Träume, an die ihr euch meistens erinnert.

Darüber hinaus gibt es jedoch auch – eher nur selten erinnerte – Traumerlebnisse, bei denen die gewohnte Identifikation eures auf das physische Leben orientierten Bewußtseins verschwunden ist. Bilder, wie ihr sie kennt, sind auf eurer neurologischen Struktur und eurer Interpretation derselben begründet. Wenn ihr euch, beispielsweise, das Leben nach dem Tode vorstellt, dann denkt ihr euch alle fünf Sinne in voller Aktion, obwohl vielleicht nicht mehr in einem physischen Körper zentriert. Eine bildlose Wahrnehmung scheint euch in diesem Kontext unmöglich zu sein. Und doch tretet ihr in manchen Traumsituationen in einen Bewußtseinszustand ein, der von allen Sinnesdaten vollständig losgetrennt ist. Bilder gehören an sich nicht dazu, obwohl sie später zu Übersetzungszwecken unbewußt fabriziert werden können. Unter solchen Bedingungen nähert ihr euch dem Verständnis dessen, was Bewußtheit ihrem Wesen nach ist, wenn sie nämlich überhaupt nicht physisch orientiert ist.

Im täglichen Leben wißt ihr vielleicht plötzlich etwas, ohne zu wissen woher. Das Wissen ist einfach ›da‹. Diese Art der Aktivität kommt dem Wissen eures Bewußtseins nahe, wenn es nicht in Sinnesreize verwickelt ist. Es *weiß* einfach. In solchen Traumzuständen *wißt* ihr dann auf die gleiche Weise. Ihr erfahrt euer Sein außerhalb seines Bündnisses mit dem Fleisch.

Diese Art Traumerlebnis kann regenerierend wirken, obwohl die ursprünglichen Eindrücke in Vergessenheit geraten und das Traumgeschehen vor dem Erwachen in Bilder übersetzt wird. Solche Traumerlebnisse könnte man als fundamentale Seinserfahrungen bezeichnen. In ihnen kehrt das Bewußtsein oder das Selbst zu seinem eigenen Energiequell zurück. Auf einer anderen Ebene verfügen die Atome über die gleiche Art Wissen. Es kommt euch vielleicht so vor, als hätten solche Einsichten wenig mit eurem täglichen Leben zu tun, zumal sie so selten und immer nur in übersetzter Form in eurem Gedächtnis bleiben, und doch versorgen sie euch mit zusätzlicher Energie, und zwar immer dann, wenn ihr es *am meisten braucht*. Insbesondere unter Streß gibt das physisch orientierte Bewußtsein vorübergehend oft diese seine Orientierung auf und läßt sich sozusagen in seine eigene Seinsquelle fallen, wo es weiß, daß es regeneriert und, in der Tat, wiedergeboren wird.« (57/445 ff.)

Das erinnert uns an die schon erwähnten Erkenntnisse von Psychologen, Ärzten und Traumforschern, denen zufolge Träume streßabbauend und psychisch harmonisierend wirken und langer Schlafentzug – nicht nur wegen der dann entfallenden körperlichen Erholung, sondern vor allem infolge des Ausfalls

der Körper und Seele regenerierenden Träume – nachhaltige
Schäden am Nervensystem und psychische Störungen zur Folge
hat. An dieser Stelle möchte ich auch daran erinnern, daß viele
Naturvölker um das kreative Potential der Träume immer schon
wußten und auch heute noch dem Traumleben größte Wichtigkeit beimessen. Erstaunlich sind beispielsweise die von namhaften Forschern beschriebenen Traumrituale und geheimnisum-
witterten Traumerfahrungen der nordamerikanischen Indianer,
das kreative Traumleben der Senoi und die luziden Traumexerzi-
tien tibetischer Yogis.

Da wir im Wachzustand nur die Erlebnisaspekte wahrnehmen, die zu unserer durch falsche Vorstellungen hinsichtlich
Raum und Zeit eingeengten Welt passen, und wir unsere uns von
den Sinnen vermittelten Erfahrungen rational zu interpretieren
und zu erklären versuchen, erscheint es uns völlig unsinnig, daß
wir gleichzeitig in Vergangenheit, Gegenwart und Zukunft
agieren können. Und doch tun wir das und können wir das im
Traum.

»In Träumen gewinnt ihr manchmal tiefere Einblicke. Ihr
könnt beispielsweise Gegenstände in der Vergangenheit, Gegenwart und Zukunft sehen, die in eurer Zeit irgendeinen gegebenen
Raum einnehmen. Meist wird euch ein solcher Traum als
unsinnig erscheinen, weil auf eurer ›Tatsachenebene‹ vergange-
ne, gegenwärtige und zukünftige Gegenstände nicht gleichzeitig
den gleichen Raum einnehmen können. *Der Raum ist sowieso
nicht der gleiche.* Es scheint euch nur so ... Dem Raum ist eine
Beschleunigung eigen, von der ihr nichts versteht. Ihr seid auf
solche Frequenzen nicht eingestellt. Jeder Punkt im Raum ist
gleichzeitig ein Punkt in der Zeit, das ist eine Pforte, die ihr nicht
zu öffnen gelernt habt. Auf eine nicht ganz unähnliche Weise ist
euer Gehirn eine Pforte, die in eurem Geist Aktivitäten zuläßt.
Eure Glaubenssätze sind weitgehend bestimmend, welche Hirn-
partien aktiviert werden und welche Geistestätigkeit daraus
resultiert.« (57/447f.)

Diese Ausführungen machen deutlich, daß das Bewußtsein
nicht an das Gehirn gebunden ist, sondern daß das Organ

Gehirn bloß eine »Pforte« ist, die geistige Aktivität gestattet. Sie verdeutlichen aber auch, daß unser Bewußtsein gleichzeitig auf das Leben in der Materiewelt, aber auch auf Realitäten jenseits dieser Erscheinungswelt ausgerichtet ist. Im Traumzustand gleiten wir gleichsam in eine körperlose Existenzform einer inneren Realität, die schöpferisch auch unsere physische Wirklichkeit gestaltet. Im Traum ist unser Bewußtsein erweitert, und wir erfahren, daß auch die träumende Psyche »wach« ist.

»Der Traumzustand ist ein Experimentierfeld: Arbeitshypothesen werden aufgestellt und in einem spielerischen Rahmen ausprobiert. Doch stellen die Träume, die ihr habt und erinnert und die euch zur Lösung vieler Probleme verhelfen, nur die oberflächlichste Schicht eurer Traumtätigkeit dar. Euch selbst in euren Träumen zu begleiten ist ein faszinierendes Abenteuer, ihr könnt euch im Traumkontext eurer Bewußtseinstätigkeit bewußt werden. Um das zu können, müßt ihr an die Unversehrtheit eures Wesens glauben. Wenn ihr eurem wachenden Selbst mißtraut, werdet ihr auch eurem träumenden Selbst mit Mißtrauen begegnen, und eure Traumlandschaft wird euch bedrohlich *erscheinen*. Euer Glaube, Träume seien unangenehm, kann diese unangenehm machen oder zumindest dazu führen, daß ihr euch nur an furchterregende Trauminhalte erinnert. Wenn ihr glaubt, niemals zu träumen, blockiert ihr eure Traumerinnerung; ihr träumt aber trotzdem. All die reichen Traumerfahrungen werden dann euer bewußtes Leben nicht bereichern.« (57/448 f.)

Die hier erwähnte »Traumlandschaft« ist eine der »Landschaften«, in der sich die Psyche ausdrückt. Wie die Bewohner mancher Länder sich in verschiedenen Landessprachen ausdrücken und dennoch *einem* Staat zugehören, so kann sich die Psyche in vielen Realitäten zum Ausdruck bringen, und unser Bewußtsein »reist« dann von der einen zur anderen Realität. Wenn ein Flugreisender an einem Tag durch verschiedene Zeitzonen reist (und seine innere Uhr plötzlich ihre Gültigkeit verliert), dann weiß er, daß die Zeit der einen nicht die der anderen Zeitzone ist. Und er weiß auch, daß in jedem Land, in dem er zwischenlandet, andere Rechtsverhältnisse, andere Gesetze, in Kraft sind.

So ähnlich unterliegt auch die Psyche in den ihr zugänglichen unterschiedlichen Realitäten den diesen eigenen unterschiedlichen Gesetzen. Die Psyche ist im übrigen natürlich mehr als nur eine »Landschaft« oder »mehrere Landschaften«. Sie ist vielmehr ein sich ständig verändernder Seinszustand, in dem unser in der Gegenwart angesiedeltes Existenzgefühl residiert. Unsere Psyche erschaffen wir, und sie erschafft uns.

Das Seth-Material konfrontiert uns mit einem weiteren, interessanten Aspekt: Träume seien zwar so persönlich wie unser Leben, es gebe daneben jedoch auch ein kollektives Traumleben. Jedes Individuum nehme darin seinen eigenen Platz ein. Die Menschheit arbeite aber zu jedem gegebenen Zeitpunkt gemeinschaftlich an Problemen, die in gemeinsam gefundenen Lösungen in der Realität unserer Erscheinungswelt zum Ausdruck kommen.

Dies würde erklären, warum zum Beispiel Erfindungen, für die die Zeit »reif« ist, oft zur selben Zeit an verschiedenen Orten unabhängig voneinander gemacht werden. Die Perspektive, daß die Menschheit gemeinsam Lösungen für globale Probleme erst in der Welt der Ideen, und dies vornehmlich im Traumzustand, »ausprobiert«, ist aufregend.

»Die Menschheit bedient sich individuell wie auch kollektiv der Traumwelt als eines vorläufigen Experimentierfeldes. Aus den imaginierten Wirklichkeiten und wahrscheinlichen Traumgeschehnissen gehen die physisch akzeptierten ›Tatsachen‹ in euer auf ›Wahr‹ und ›Falsch‹ begründeten Welt hervor. Wahrscheinliche Ereignisse, die im Traum erfahren werden und in anderen Realitätsbereichen volle Gültigkeit haben, gelten in eurer Welt als falsch, wogegen dieselben Ereignisse, *physisch verwirklicht*, wahr für euch werden... Eure Kriege werden zuerst in der Traumwelt geführt, verloren oder gewonnen, und eure Geschichtsschreibung bewegt sich auf der Schmalspur nur einer von vielen Wahrscheinlichkeiten. Für euch wird ein geführter Krieg von der einen oder der anderen Seite entweder gewonnen oder verloren. Bei eurer dürftigen Kenntnis des Wesentlichen kann es zum Beispiel nur einen möglichen Ausgang für eine Schlacht geben. Es sind ›harte Tatsachen‹ vorhanden; eine Schlacht hat zwischen zwei Armeen an einem bestimmten Tag und Ort stattgefunden und in einem entscheidenden Sieg ihren Ausgang gefunden. Historisch nachweisbare Verträge sind vorhanden, aber in einem viel weiteren Sinn ist dabei nur eine Dimension, eine winzige Ecke eines viel größeren Geschehens wahrgenommen worden, das über eure Vorstellungen von Zeit und Ort weit hinausgeht.

Die Schlacht wurde ursprünglich, so könnte man sagen, auf der Traumebene ausgefochten, worauf die Menschheit dann individuell und kollektiv die Entscheidung traf, *welche Teile des Ereignisses* sie in der äußeren Realität verwirklichen wollte. Sogar aber in dem von euch allgemein akzeptierten Sinn ist es jedoch offenbar, daß der Gewinner oft der Verlierer ist. Das *Gesamtereignis* geht über eure Begriffe von Falsch und Richtig oder Wahr weit hinaus. Ein Gesamtereignis mit allen seinen Wahrscheinlichkeiten paßt offensichtlich nicht in euren Bezugsrahmen hinein.

In euren Träumen jedoch arbeitet ihr, wie gesagt, mit Wahrscheinlichkeiten und trefft die Entscheidung, welche von ihnen eure dann physisch ›wahr werdenden Tatsachen‹ werden. In dieser Hinsicht genießt ihr individuell und auch kollektiv sehr viel Freiheit.« (57/449 f.)

Schon ein altes chaldäisches Sprichwort besagt, daß jeder Zustand erst geträumt wird, bevor er sich verwirklichen kann. Ohne ein geistig-seelisches Urkonzept in der Welt der Ideen und des Traums kann demnach ein Geschehen in der Materiewelt nicht realisiert, nicht materialisiert werden.

Diese Behauptung setzt natürlich völlig neue Dimensionen des Denkens voraus. Da wir Trauminformationen wachbewußt normalerweise nur dann akzeptieren, wenn sie unseren zu Glaubenssätzen verdichteten Überzeugungen entsprechen, ist der Gedanke, daß wir unser Handeln, ja sogar das auf der Bühne

unseres Lebens sich abspielende Geschehen sozusagen spielerisch im Traum auswählen können, für unsere einseitige und
begrenzte Sicht der Wirklichkeit äußerst befremdend.

Unsere Wissenschaften haben uns gelehrt, an das Vorhandensein einer – künstlich errichteten – Schranke zwischen Schlafen
und Wachen zu glauben. Würden wir einsehen, daß das Unbewußte unserer Psyche nicht nur ein »Abstellplatz« für Vergangenes, sondern die Quelle unserer schöpferisch-kreativen Kraft ist,
die nicht nur unsere Lebenswirklichkeit, sondern, kollektiv, die
Wirklichkeit weltweiten Geschehens plant und mitgestaltet,
dann würden wir die eminent wichtige Rolle des Traumlebens
erkennen. Doch in unserer vom Intellekt erklärten und eingeschränkten Sicht des Lebens und der Welt hat der Mensch von
seiner reichen inneren Traumrealität und seinem Platz in ihr und
ihrer Wirkung auf sein bewußtes Alltagsleben kaum eine Ahnung.

»Ihr setzt eure Glaubenssätze im Traumzustand wie Schein-
werfer ein, die das Dunkel nach den Erfahrungen absuchen, die
zu euren Realitätsvorstellungen passen. Eure Überzeugungen
helfen euch, wahrscheinliche Handlungen zu sieben – die natürlich in Form von Träumen auftreten – und für euch wesentliche
von solchen zu trennen, die für euch bedeutungslos sind. Da ihr
jedoch nicht nur physisch zentrierte Wesen seid, spielen noch
andere Faktoren hinein. Ihr tragt das konzentrierte Wissen eures
Gesamtwesens in euch. Dieses kann sich in einem an das Gehirn
gebundenen Bewußtsein nicht vollständig manifestieren. Die
multidimensionale Realität ist einfach nicht ausdrückbar. Doch
im Traumzustand, wo das Bewußtsein sich mit physischen
Angelegenheiten auf diffusere Weise auseinandersetzt, werden
blitzhafte Einblicke ins multidimensionale Selbst in Form von
Traumbildern und Phantasien möglich, die eure größere Existenz symbolhaft zum Ausdruck bringen.« (57/453)

Zweifellos wird das, was wir als unsere Alltagsrealität erleben,
entscheidend von unseren Überzeugungen gestaltet. Der Glaube, aufgrund bloß sinnlicher Wahrnehmung die Wirklichkeit
dieser Welt zu erkennen, läßt uns die Welt aus der Perspektive

eines in ein Aquarium verbannten Zierfischs sehen. In Wirklichkeit sind wir Menschen Wesen mit einem Bewußtsein, das sich nicht auf unser Wachbewußtsein beschränkt, mit einer Psyche, die nicht in unserer Erscheinungswelt beheimatet, sondern multidimensional ist.

»Jedes Selbst muß sich im zeitlichen Kontext erfahren. Doch jedes Selbst ist zugleich auch Teil seiner größeren Wesenheit; es ist ein Teil jener Energie, aus der es dauernd hervorgeht. In Träumen pulsiert eure Energie zu jenem Wesen zurück, das ihr eigentlich seid. Man könnte sagen, daß ihr jede Nacht durch atmosphärische Schichten hin und her reist, ohne euch dessen bewußt zu sein. Ihr legt im Schlaf die endlose Strecke zwischen Geburt und Tod zurück. Euer Bewußtsein, wie ihr es kennt, überspringt diese Kluft, ohne dabei sein eigenes Kontinuitätsgefühl zu verlieren... Im Schlaf fluktuiert euer Bewußtsein und formt aus den modulierbaren ›materiellen Vorstadien‹ die Materie eurer Welt... Ihr tragt also unbewußt so etwas wie eine Blaupause für die Art äußerer Realität, die ihr verwirklichen wollt, in euch herum. Jeder Mensch ist der Architekt dessen, was er baut...« (57/454f.)

Vieles von diesen Kundgaben »inneren Wissens« deckt sich mit dem, was in den vorangegangenen Kapiteln als Ergebnisse heutiger Forschung und aktueller Wissenschaft zur Sprache kam. Jeder Mensch, der philosophische Betrachtungen über die Natur menschlichen Seins, des Bewußtseins, der Psyche und deren Ausdruck anstellt, sollte die Seth-Literatur als Quelle der Information, der Inspiration und beglückender Kreativität nutzen. Die von Jane Roberts vermittelten Seth-Botschaften haben, wie ich schon sagte, mein Leben geändert. Die Annahme, daß unsere Wesenheit in höherdimensionalen Realitäten jenseits von Raum und Zeit beheimatet ist, wird im übrigen durch den christlichen Glaubenssatz von der ewigen Gültigkeit der Seele bestätigt.

Der Schweizer Psychologieprofessor und Jung-Experte Carl A. Meier stellte in diesem Zusammenhang im Zuge einer Fernsehsendung einmal die überraschende Frage, ob nicht die Welt der Träume der »Ort« sein könnte, an dem sich die beiden Wirklichkeiten von Psyche und Soma begegnen, ob nicht der Traumzustand das fremdartige, schwer faßbare Etwas sei, das seit Jahrhunderten der »spirituelle Körper« genannt wird.

Wenn wir annehmen, daß es einen »spirituellen Körper« gibt – ob dieser nun so oder »Zweitkörper«, das »innere« oder das »höhere Selbst« oder unsere »Wesenheit« genannt wird –, so legt uns das wohl auch das Vorhandensein von Organen »spiritueller Wahrnehmung« oder, sagen wir es weniger hochtrabend, »innerer Wahrnehmung« nahe. Gibt es nun solche »Organe« innerer Wahrnehmung, und könnte deren Aktivierung der Erweiterung unseres Bewußtseins nützlich sein?

15

Innere Wahrnehmung und erweitertes Bewußtsein

Wenn die Tore der Wahrnehmung gereinigt würden,
erschiene jedes Ding den Menschen, wie es ist: unendlich.
Denn der Mensch hat sich eingeschlossen, so daß er
alle Dinge nur durch die Ritzen seiner Höhle sieht.

WILLIAM BLAKE

Unter Sinnesorganen versteht die Schulwissenschaft Organe zum Empfang physikalischer oder chemischer Reize der Außenwelt oder des Körperinneren. Die besonderen Reizempfänger (Rezeptoren) nehmen die Reize auf, wandeln sie in eine Nervenerregung um und leiten diese über bestimmte Nervenbahnen (Neuronen) den Sinneszentren des Gehirns zu, wo die Reize bewußt werden. Dabei wird der Reiz an den Ort seiner Entstehung zurücklokalisiert.

Angesichts dieser Begriffserklärung kann ein Schulwissenschaftler, sei er Physiologe oder sei er Psychologe, keinen Platz für »innere Wahrnehmung« sehen, geschweige denn für ein Organ einer solchen. Er wird uns auf das Gehirn, den Teil des Nervensystems, verweisen, in dem die wichtigsten Schalt- und Steuerungsvorgänge des Organismus vor sich gehen, und dieses als das Zentrum aller Sinnesempfindungen und willkürlichen Körperprozesse, als »Sitz« des Bewußtseins, des Gedächtnisses und aller geistigen und seelischen Leistungen bezeichnen.

Nun ist ja das Zentralnervensystem (ZNS), also Gehirn und Rückenmark, mit seinen etwa fünfundzwanzig Milliarden Nervenzellen in ihrem komplizierten und komplexen Zusammenspiel etwas einfach Wunderbares. Über das Nervensystem sind Organismus und Umwelt auf diese wunderbare Weise funktionell miteinander verbunden. Doch dessenungeachtet ist heute von namhaften Forschern in Frage gestellt worden, daß das

Bewußtsein und alles geistig-seelische Leben nur ein Epiphänomen des Stofflichen, des Organs Gehirn, seien. Dieser Annahme der Schulwissenschaft hat, wie in Kapitel 9 dieses Buches schon erörtert wurde, insbesondere einer der Pioniere der modernen Gehirnforschung, Sir John C. Eccles, mit seiner Antithese von dem »sich seiner selbst bewußten Geist«, nachhaltig widersprochen. Dem widerspricht auch so ziemlich alles, was uns aus religiösen, esoterischen und philosophisch-religiösen fernöstlichen Quellen überliefert und im Verlauf dieses Buches teilweise auch schon beschrieben worden ist.

Sir John C. Eccles verficht eine Theorie der Interaktion von Gehirn und Geist. Seinem in dem Werk *Gehirn und Geist* abgelegten Zeugnis zufolge gelangte er in vielen Jahren der Gehirnforschung immer mehr zu der Überzeugung, daß der Geist sich seiner selbst bewußt sein *müsse*. Der Geist sei als selbständige Einheit aktiv damit beschäftigt, aus den vielfältigen Aktivitäten des Neuronenapparates der Hirnrinde das seiner Aufmerksamkeit und seinem Interesse Entsprechende abzulesen und aus der Auslese dieser Aktivitäten der Sinnesnerven von Augenblick zu Augenblick die Einheit des bewußten Erlebens zu bieten. Eccles nimmt, wie ich schon in Kapitel 9 angedeutet habe, an, das Bewußtsein arbeite wie eine Filmkamera, wobei die von Augenblick zu Augenblick getätigten »Momentaufnahmen« derart aufeinanderfolgen, daß – wie im Film – ein kontinuierlicher Eindruck entsteht. Umgekehrt aber wirke auch der sich seiner selbst bewußte Geist in selektiver Weise zurück auf den Neuronenapparat; er hat also bei den neuronalen Vorgängen eine »übergeordnete, interpretierende und kontrollierende« Funktion. »Die von den Sinnesorganen kommenden Informationen werden dem Gehirn und dessen neuronalen Strukturen als raumzeitliche Impulsmuster übermittelt.« (10/145 f.)

Wir können daraus ableiten, daß unser Bewußtsein das Gehirn in etwa genau so benutzt, wie ein Musiker sein Instrument benutzt. Dies erklärt auch, warum ein durch ein Trauma geschädigtes Gehirn nicht mehr voll funktionsfähig ist und das Verhalten dementsprechend beeinflußt. Bewußtsein benötigt zum optimalen Ausdruck ein voll funktionsfähiges Gehirn, genauso wie sich ein Musiker nur auf einem einwandfrei gestimmten Instrument künstlerisch perfekt zum Ausdruck bringen oder ein Fernsehgerät nur dann alle Programme empfangen kann, wenn es technisch einwandfrei funktioniert.

Wichtig zum Verständnis des Gehirns ist noch zu wissen, daß das Großhirn mit seinen etwa vierzehn Milliarden Ganglienzellen (Nervenzellen) aus zwei Hemisphären besteht. Die linke Hälfte ist für verschiedene Aspekte der Sprachbegabung, des Kategorisierens, Analysierens, also im großen und ganzen für logisch-rationale, lineare Verarbeitung zuständig. Der rechten Hemisphäre werden räumliche Funktionen, Orientierungssinn, musische Fähigkeiten, Phantasie und Gefühlsempfindungen zugeordnet.

Im Gegensatz zur linearen Datenverarbeitung der linken Gehirnhälfte arbeitet die rechte eher gleichzeitig, ganzheitlich, eben nicht linear. So wird der rechten Hemisphäre intuitives Verhalten zugeordnet, der linken hingegen intellektuelles. Intuition ist ja eine unmittelbare, umfassende Erfahrung, die Bedeutungsstrukturen zusammenfügt. Die rechte Hälfte des Gehirns verarbeitet Informationen auf gleichzeitige oder parallele Weise. Dies zu wissen ist wichtig für die Bedeutung veränderter, und zwar erweiterter Bewußtseinszustände, die uns mit unseren inneren »Sinnesorganen« in Berührung bringen und so die innere Wahrnehmung fördern.

Was sind veränderte Bewußtseinszustände? Wodurch werden sie hervorgerufen, und sind sie uns nützlich?

Veränderte Bewußtseinszustände können durch Meditation, durch Yogaübungen, durch selbst- oder fremdinduzierte Hypnose, durch tiefes Gebet, aber auch durch Fasten, Schlafentzug oder psychedelische Drogen herbeigeführt werden. Auch monotone sensorische Eindrücke, künstlich herbeigeführt durch die Wiederholung von Wortsilben oder -folgen der Art indischer Mantras oder ganz natürlich als leichter Trancezustand, sich einstellend zum Beispiel bei langen Autofahrten durch eintönige Landschaften, aber auch die elektrische Reizung des Gehirns und photische Stimulation´(Lichtblitze) können veränderte Bewußtseinszustände hervorrufen.

Stimuliert man das limbische System des Gehirns künstlich, so scheint es viele der mit veränderten Zuständen einhergehenden Phänomene zu produzieren. Regelmäßig wird, wie zahlreichen Bezeugungen solcher Erfahrungen zu entnehmen ist, bei veränderten Bewußtseinszuständen subjektiv in etwa folgendes empfunden: Verlust der Ichgrenzen, Identifizierung mit der Gesamtheit allen Lebens, qualitative Veränderungen des Wahrgenommenen wie zum Beispiel Farbänderungen, die Wahrnehmung von Licht und ungewohnten Geräuschen. Oft wird ein ballonartiges Ausdehnen des Körpers beschrieben, ein Zustand des Schwebens, das Empfinden, vom Körper-Ich getrennt zu sein, ein Gefühl des Einsseins mit allem, was ist – Verschmelzung, ähnlich dem explosiven Gefühl bei der Vereinigung zweier Liebender, im Orgasmus.

Oft wird von einem »Bewußtsein unendlicher Energie« gesprochen, von strahlendem weißem Licht und dem Eindruck, man sei selbst diese unendliche Energie des Universums. Und meist werden diese Erfahrungen als von einem Zustand tiefen Friedens, der Glückseligkeit, eines bewußten Gefühls der Icherweiterung und des Sichauflösens in grenzenloser Liebe begleitet geschildert.

Der amerikanische Psychologe Abraham H. Maslow hat festgestellt, daß genaugenommen alle Menschen Phasen veränderter Bewußtseinszustände erleben, die meisten würden dies nur nicht wahrnehmen oder richtig einordnen. Auslöser dafür seien, so sagt auch er, oft Umstände, die uns in einen träumerischen Zustand versetzen wie Musik, beseligtes Verliebtsein oder andere tiefe Gefühle, der Zauber schöner Landschaften und Ähnliches. Jeder Mensch hat sich, bewußt oder unbewußt, schon in tranceartigen oder hypnotischen Zuständen befunden, ohne dies allerdings vielleicht je bewußt wahrgenommen zu haben.

Lange Zeit wurden derartige transzendentale Zustände von der Schulwissenschaft nicht zur Kenntnis genommen, was bedauerlicherweise dazu geführt hat, daß wir über die physiologischen Veränderungen des Gehirns bei veränderten Bewußtseinszuständen nicht sehr viel wissen. Dennoch gilt das Augenmerk der Wissenschaft heutzutage verstärkt der limbischen Region des Gehirns, und diese wird, wie gesagt, mit dem Phänomen veränderter Bewußtseinszustände assoziiert.

Man weiß heute, daß zwanzig Minuten Meditation, also absichtsloser Selbstversenkung, den Sauerstoffverbrauch und den Kreislauf verändert und den Anteil des Laktats im Blut erheblich reduziert. Blutlaktat ist eine Substanz, die mit Angstgefühlen in Verbindung gebracht wird. Während des Meditierens stellt der Körper weniger Kohlendioxyd her, verbraucht weniger Sauerstoff, und der Blutzuckerspiegel senkt sich. Das Gesamtbild ist tiefe Entspannung.

Nach der Einkehr ins Stillesein meditativer Versenkung erweist sich die Reaktionszeit als verkürzt, die auditive Wahrnehmung ist geschärft, die Konzentrations- und Lernfähigkeit sind gesteigert, und es ist ein allgemeines Gefühl der Frische festzustellen. Meditierende berichten von einer Verbesserung des Gedächtnisses, einer Steigerung der Arbeitsleistung, wachsendem Interesse am Leben und, allgemein, von einer von ihnen wahrgenommenen Erweiterung des Bewußtseins.

Wer zu meditieren pflegt, weiß, daß die Hinwendung nach innen, zur Wesenheit, uns das euphorische Gefühl völliger Ruhe und die Gewißheit verschafft, in der Mitte unseres Seins zu sein. Natürlich ist die schönste und bereicherndste Form der Meditation das Gebet: die Hinwendung zu Gott, die eins ist mit der Hinwendung zum allumfassenden, unendlichen kosmischen Bewußtsein.

Solches Meditieren hat natürlich mit dem, was manche Menschen, wenn sie nur das Wort »Meditation« hören, meinen, nicht das Geringste zu tun: mit lebensuntüchtiger »Weltflucht« oder narzißtischer »Nabelschau«. Im Gegenteil: es ist die Einstimmung des bewußten Menschen auf das Wesentliche. Und wer daran vorbeigeht, hat umsonst gelebt.

Ein indischer Weiser, Gope Krishna, hat einmal einigen

jungen Europäern auf die Frage, ob Meditation nicht Weltflucht sei, geantwortet: »Je mehr ich die Europäer über Meditation reden höre, desto mehr empfinde ich, daß ich ihnen eigentlich davon abraten muß. Sie verstehen ja gar nicht, worum es geht. Lesen sie in ihren Heiligen Schriften, so finden sie das gleiche wie in unseren: Du sollst deinen Mitmenschen lieben, du sollst Gott lieben, du sollst in deinen Mitmenschen Gott lieben. Und alles andere ist überflüssig. Nirgends steht, du sollst meditieren. Wenn du aber Gott lieben willst und deinen Mitmenschen und du entdeckst die große Wahrheit, daß Meditieren dir dazu verhelfen und eine ganz entscheidende Hilfe sein kann, dann sollst du meditieren, und wenn du das nicht entdeckst, sollst du es bleibenlassen.«

Inzwischen hat sich in unseren Breiten allerdings einiges geändert. Es gibt heutzutage eher zu viele als zu wenige »Meditationsschulen« und -seminare. Wie überall im Leben ist da einfach »die Spreu vom Weizen zu sondern«. Das ändert nichts am Grundsätzlichen der Tatsache, daß Meditation ein Weg zur Selbstfindung und zum Gewahrwerden unseres höheren Selbst ist.

Doch es ist auch kaum etwas dagegen einzuwenden, wenn es inzwischen Lehrer und Seminarleiter gibt, die den Interessierten für die Praxis »einfache meditative Methoden« vermitteln, die ihnen helfen sollen, sich von Spannungen und Streß zu befreien und ihr Bewußtsein zu entfalten. So meditieren heute tatsächlich viele Menschen für beinahe sofortigen Gewinn: völlige Entspannung, innere Ruhe, Befreiung von Streßsymptomen und Mobilisierung vitaler Energien.

Medizinischen Laborforschungen zufolge wirkt sich die meditative Erfahrung sehr verschieden von der des Schlafens, von dem gewöhnlichen Wachzustand oder von einem hypnotischen Trancezustand aus, wie sich anhand der vom Elektroenzephalographen (EEG-Gerät) gemessenen Hirnströme klar ergibt. Während bei offenen Augen der Versuchsperson und beim Empfang anderer Sinnesreize oder bei geistiger Tätigkeit Betawellen vorherrschend sind, zeichnet das EEG bei geschlossenen

Augen und Ruhigstellung der Versuchsperson niedrigerfrequente Alphawellen (größerer Amplitude) auf. Die noch langsameren Thetawellen (noch größerer Amplitude) treten bei gesunden Erwachsenen normalerweise nur im Schlaf auf. Das Erlöschen der Hirnströme wird als Kriterium des Todes gewertet.

Rege Geistestätigkeit entspricht also gehirnphysiologisch den Betawellen. Der Meditierende befindet sich anfänglich im Bereich der Alphawellen, in tiefer Meditation jedoch im Bereich der Thetawellen.

In den Meditationsschulen hierzulande wird Meditation sehr oft mit Imaginationstechniken verbunden. Imagination bedeutet die Aktivierung der visuellen Vorstellungskraft, die nicht nur zur Steigerung der Kreativität, sondern auch zur Veränderung physiologischer Prozesse eingesetzt wird. Sportler und Tänzer zum Beispiel nehmen häufig an Trainingsprogrammen teil, in denen sie sich eine bessere Bewegungskoordination, gesteigerte Muskelkraft und den angestrebten Erfolg bildhaft vorstellen. Erstaunlicherweise sind die Ergebnisse mit denen eines tatsächlichen Trainings durchaus vergleichbar.

Berichte von Ärzten wiederum belegen, daß Patienten aufgrund bloß ihrer lebhaften Vorstellungskraft geheilt worden sind. Die Patienten wurden in einen Zustand herabgesetzten Bewußtseins, somit einen meditativen Zustand, versetzt und veranlaßt, sich zu entspannen und sich als gesund und glücklich vorzustellen. Diese Methode der Heilung durch Meditation und Imagination des erwünschten Zustands – manche Psychotherapeuten ziehen, um die passive Konzentration hervorzuheben, statt Imagination die Bezeichnung »Kontemplation« vor – wird in einigen Krankenhäusern, insbesondere in der Krebstherapie, bereits versuchsweise eingesetzt.

Gezielte Reizung der limbischen Gehirnregion bringt übrigens ähnliche Erscheinungen wie bei der Meditation hervor. Es stellen sich Lichterscheinungen, bemerkenswerte Wachheit, Luzidität und Déjà-vu-Erfahrungen ein.

Die »Sensation du déjà vu« hat schon Sigmund Freud beschrieben und zu erklären versucht (18/390, 431, 460). Es ist das spontan sich einstellende überwältigende Gefühl, etwas schon einmal erlebt zu haben. Oft sind es Landschaften oder Örtlichkeiten, von denen gesagt wird: »Da war ich schon einmal!« Es kann ein Mensch sein, dem man »schon einmal begegnet« ist, ein Unfall, den man »schon einmal durchgemacht« hat. Oder man hat etwas »genau in diesem Wortlaut schon einmal gehört«.

Die amerikanische Psychologin Marilyn Ferguson weist in ihrem Buch *Geist und Evolution* darauf hin, daß Déjà-vu-Erlebnisse bei fast allen Kategorien veränderter Bewußtseinszustände beobachtet werden konnten. Eine Zunahme von Déjà-vu-Erlebnissen im alltäglichen Bewußtsein werde auch von Menschen bezeugt, die täglich meditieren. Sie beruft sich auf Jose Delgado von der Yale University, dem zufolge Patienten bei Reizung einer bestimmten Hirnregion dem anschließenden Gespräch mit dem Arzt amüsiert und verblüfft lauschten und zu ihm sagten: »Aber, das ist doch alles schon passiert. Ich habe gewußt, was Sie sagen würden, bevor Sie es gesagt haben!« Dieses Bekanntheitsgefühl sei ein Kennzeichen mystischer Erfahrung. (16/85)

Diese Erklärung vermag allerdings nicht die Frage zu beantworten, wieso das subjektive Gefühl vorliegt, Vergangenes würde wieder aufleben. Auch ist das Déjà-vu-Erlebnis bisweilen von unaussprechlicher Heftigkeit; die »Erinnerung« scheint in einen stark emotionalen Kontext eingebettet zu sein.

Marilyn Ferguson: »Wilder Penfield, ein berühmter Neurochirurg, entdeckte das Phänomen, als er die Krankheitsherde im Gehirn von Epileptikern zu lokalisieren versuchte. Er stellte fest, daß elektrische Sondierung bestimmter Punkte im Schläfenlappen das Abspulen vergangener Ereignisse auslöste. Die wiedererlebten Szenen scheinen einer chronologischen Ordnung zu folgen und sich über die gleiche zeitliche Dauer zu erstrecken, die sie ursprünglich hatten. Durch Verlagerung der Elektrode werden völlig andere Erinnerungsketten ausgelöst. So mag ein Patient beispielsweise in seiner Erinnerung an einem Sonntagmorgen vor einem Bauernhaus stehen. Er hört Musik aus dem Radio, riecht den Dung und spürt einen leichten Windhauch auf der Haut. Wenn der Chirurg die Elektrode ein wenig verschiebt, kann sich der Patient plötzlich auf einer Party wiederfinden, die zu seinem zehnten Geburtstag gegeben wurde.« (16/85 f.)

Offensichtlich ist das limbische System eine Art Schlüsselorgan unseres Gehirns. »Limbische Strukturen können den Stoffwechsel, den Sauerstoffverbrauch, Durst und Appetit verändern. Sie können den Herzschlag verlangsamen oder beschleunigen, den Blutdruck senken oder erhöhen. Sie können auf die Geschlechtshormone einwirken, einen spontanen Eisprung induzieren oder ihn unterdrücken und beim Mann eine Erektion bewirken. Sie können Heilprozesse beschleunigen und Widerstände mobilisieren, Lernen und Gedächtnis fördern oder blokkieren, die Kampf- und Fluchtreaktionen auslösen oder verhindern, das sensorische Bewußtsein schärfen oder ausschalten, Erregung oder Schlaf induzieren.

Zweifellos sendet der Neocortex, die Großhirnrinde, ständig zufällige Botschaften durch das limbische System. Furcht oder Besorgnis im Neocortex können offensichtlich den ›heißen Draht‹ zum limbischen Gehirn aktivieren, das dann bestimmte autonome Funktionen auslöst. Ergebnis: Geschwüre, Herzkrankheit, Bluthochdruck, chronische Müdigkeit.« (16/86 f.)

Soweit Marilyn Ferguson. Da nach Berichten Meditierender genau die vorstehend genannten Symptome erfolgreich gebessert werden können, muß man annehmen, daß man meditierend in Schichten des Gehirns vordringen kann, die mit dem limbischen System assoziiert sind und die die Strukturen bilden, die aufgrund ankommender Eindrücke und Belastungen mit Symptomen reagieren. Begibt man sich in einen Zustand geistiger Entspannung, verschwinden häufig die Symptome.

Der an der Stanford-Universität lehrende Neuropsychologe Karl Pribram hat die Welt der Wissenschaft mit einem in seinem Buch *Language of the Brain* (53) veröffentlichten »holographischen Modell« des Gehirns bereichert. Die Holographie ist eine von Dennis Gabor erfundene optische Aufnahmetechnik, die eine dreidimensionale Bildspeicherung und Bildwiedergabe ermöglicht, wobei der Abbildungsvorgang in zwei zeitlich vonein-

ander getrennten Schritten und nicht durch Linsen- oder Spie-
gelsysteme erfolgt. Das Hologramm kommt zustande, indem
Wellenmuster durch Licht, und zwar durch Laserstrahlen,
erzeugt werden, die sich ohne Ablenkung in kohärenten, somit
zusammenhängenden Wellen ausbreiten.

Zum Verständnis der Holographie sollte man einige Grund-
prinzipien der Wellenmechanik kennen. Werden mehrere Kieselsteine in einen Teich geworfen, so verursacht dies kreisförmi-
ge Wellen, die sich gleichmäßig nach allen Seiten hin ausbreiten
und aufeinander einwirken. Wellenberge und Wellentäler ver-
stärken einander. Man nennt diese Wirkung Interferenz; die
Gesamtheit aller Interferenzen bildet ein Interferenzmuster, in
dem alles aufgezeichnet ist, was durch den Einfall der Kieselsteine in die Wasserfläche geschieht. Würde nun urplötzlich das
Wasser gefrieren, würden die Muster erstarren, und wir könnten
die Herkunft jeder kleinen Welle zurückverfolgen bis zu den
Punkten, an denen die Kieselsteine einfielen. Würden wir nun
die Eisfläche zerbrechen, wäre es uns leicht möglich, die einzelnen Stücke zu analysieren und exakte Muster zu rekonstruieren.
Jeder Teil enthält somit die Information des Ganzen.

Bei der Holographie nun wird ein Objekt mit Laserlicht
beleuchtet und das reflektierende Lichtbündel mit einem Referenzbündel der gleichen Lichtquelle überlagert. Die entstehende
Interferenzfigur wird als Intensitätsbild auf einer Fotoplatte
festgehalten. Wird nun dieses Interferenzmuster auf der Platte
aus der gleichen Richtung beleuchtet, aus der bei der Aufnahme
das Referenzbündel einfiel, so entsteht eine dreidimensionale
Wiedergabe des Objekts. Jedes Bruchstück der Platte ermöglicht
die Rekonstruktion des gesamten Bildes.

Dementsprechend verhält sich ein holographisches Modell
des Gehirns wie ein Hologramm zu einer Fotografie. Zwischen
dem Objekt, das außerhalb ist, und dem Bild auf der Platte gibt
es keinen materiell nachweisbaren Zusammenhang, genausowe-
nig, wie es einen nachweisbaren Zusammenhang zwischen der
menschlichen Erfahrung und der Speicherung im Gehirn gibt.
Aufgrund dieses neuen Verfahrens wird deutlich: Das Gehirn

empfängt die in Form von Wellen ankommenden Informationen und speichert diese etwa so, wie eine fotografische Platte ein Bild festhält. Die geistige Recodierung (Entschlüsselung) dieser Informationswellen durch die Sinnesorgane ist nichts anderes als eine »Wellenanalyse«.

Unser Bewußtseinsorgan Gehirn ähnelt einem oszillierenden Empfänger beziehungsweise Sender, der Schwingungen auffängt, verarbeitet und weiterleitet. So erklärt das holographische Modell, wie Muster, die nicht zusammenhängen, sich zu einer neuen Erkenntniseinheit zusammenfügen.

Wenn das Gehirn also sozusagen holographisch funktioniert und Informationen speichert, so daß jedes Bit in jedem seiner Teile verfügbar ist, kann angenommen werden, daß Erkenntnis nicht von einer Aufeinanderfolge neuronaler Verknüpfungen in Raum und Zeit abhängig ist. Auch könnte das menschliche Bewußtsein in einer Art multidimensionaler Holographie arbeiten und sich somit in Teilaspekten in verschiedenen Bewußtseinsrealitäten zum Ausdruck bringen.

Das holographische Modell des Gehirns erklärt auf einfache Weise Phänomene wie das Déjà-vu, das plötzliche Ankommen von Intuitionen und von in Form überraschender »Geistesblitze« einfallenden Inspirationen. Vielleicht entschlüsselt und vereinfacht der Geist unsere Wahrnehmungen so, wie Wissenschaftler komplexe Wellenmuster auf einfache reduzieren. Laut Karl Pribram ist dann alles, was wir benötigen, auf das Speichern einiger weniger Regeln anstelle riesiger Mengen von Details beschränkt, und es wären dann einfach die holographischen Fähigkeiten des menschlichen Bewußtseins, die es uns möglich machen, in andere, höhere Bewußtseinsrealitäten einzutauchen und uns als multidimensionale Wesenheit zu erfahren.

In den *Yoga-Sutren* des Patanjali (49), den wohl bedeutendsten aller Yogatexte, wird uns erklärt, wie man Erkenntnis der äußeren Welt dadurch erlangt, daß man sich nach innen wendet. In diesem Zustand meditativer Innenschau verfügen wir über die Fähigkeit, zu transzendieren und gleichzeitig zu denken, obwohl uns dieser Zustand fast paradox vorkommt: Bewußtsein ohne Denken!

Aber in eben diesem Zustand wird unserem Bewußtsein der Zugang zu Realitäten jenseits von Raum und Zeit möglich. Das Bewußtsein steht dann mit der ganzen Schöpfung in Beziehung, Polaritäten lösen sich auf, die scheinbare Verschiedenartigkeit aller Erscheinungen wird als Einheit erfaßt. Dem der Materiewelt verhafteten Sein enthoben entdeckt der Mensch sein höheres Wesen, und sein Bewußtsein befindet sich in absoluter Harmonie mit allem, was ist, eins mit den kosmischen Gesetzen, eingetaucht im unendlichen Ozean des Bewußtseinsmeeres.

Ich habe vorstehend Zustände veränderten Bewußtseins zu erklären versucht und dabei insbesondere, von verschiedenen Seiten her beleuchtet, Wesen und Nutzen der Meditation aufgezeigt. Dies so ausführlich, weil der meditative Zustand kennzeichnend ist für alle sogenannten Zustände veränderten Bewußtseins: in diesen Zuständen wird uns innere Erfahrung zuteil.

Wenn auch die Schulwissenschaft von solcher »innerer Erfahrung« nicht gerne spricht, so zeigen doch die neuesten Erkenntnisse der Physik und moderner Gehirnforschung, daß beileibe nicht alles einfach beim alten geblieben ist. Auch in der Wissenschaft haben die orthodoxen Autoritäten heutzutage Mühe, sich gegenüber dem neugierigen Forschergeist der jüngeren Generation zu behaupten. Wenn sie – ich meine die eingefleischten Verfechter »exakt naturwissenschaftlichen« Denkens, die nur die Materie und deren Epiphänomene als existent anerkennen – weiterhin ein Bollwerk gegen allzu üppig wuchernde Hypothesen und unbewiesene Spekulationen bilden, dann ist ihre Rolle in der Welt von heute noch immer zu begrüßen – und damit auch erfüllt. Die Zukunft der wissenschaftlichen Forschung, denke ich, gehört aufgeschlosseneren Geistern!

Diese Erklärung – schätzungswerte große Naturwissenschaftler mögen sie mir verzeihen – ist nicht Selbstzweck. Ich möchte damit Ihnen, die Sie dieses Buch lesen, beinahe entschuldigend erklären, warum ich mich bei der Entfaltung »meines« Themas immer wieder gezwungen sehe, auf sogenannte esoterische Quellen zurückzugreifen, mich auf Material zu berufen, aus dem uns innere Erfahrung zuteil wird.

Die 1984 verstorbene Jane Roberts hat in ihrem schon erwähnten *Seth-Material* der Nachwelt ein ganzes Kapitel über die »inneren Sinne« und die »innere Wahrnehmung« hinterlassen.

»Es gibt nur eine zielführende Methode, die uns zur Erkenntnis verhilft, wie das Bewußtsein überhaupt beschaffen ist. Wir müssen unsere eigene Bewußtheit ausleuchten und erforschen, indem wir unsere Aufmerksamkeit nach innen richten und uns der Inhalte unseres Bewußtseins in jeder möglichen Weise bedienen. Seth erklärte das folgendermaßen:

›Wenn ihr in euch hineinschaut, dann dehnt ihr aufgrund dieser Anstrengung die Grenzen eures Bewußtseins aus, ihr erweitert es und setzt so Fähigkeiten eures ichgebundenen Selbst frei, von denen es meist gar nicht gewußt hat, daß es über solche verfügt.‹

Zu diesen gehören die ASW-Fähigkeiten, also die der Telepathie und des Hellsehens, die in jedem Menschen schlummern. Die außersinnliche Wahrnehmung kann man schlicht auch einfach als innere Wahrnehmung bezeichnen. Doch nicht allein deswegen kommt den inneren Sinnen Wichtigkeit zu. Sie lassen uns, darin liegt ihre Bedeutung, unsere Unabhängigkeit von materiellen Bedingtheiten und unsere einmalige, individuelle, multidimensionale Wesenheit erkennen. Sie verhelfen uns aber auch dazu, das Wunder unserer physischen Existenz und unseren Platz in der Welt zu erkennen. Wir können ein weiseres, produktiveres und glücklicheres Leben führen, wenn wir zu verstehen beginnen, weshalb wir hier sind, als einzelne Menschen wie auch als Gemeinschaft.

Die inneren Sinne helfen uns, wie gesagt, zum Beispiel unsere telepathischen Fähigkeiten zu entfalten. Das bedeutet nicht, daß wir auf Wunsch immer in der Lage wären, ›Gedanken zu lesen‹. Es bedeutet, daß wir im Umgang mit Menschen uns intuitiv bewußt werden, was unser Gegenüber uns sagen will, und wissen, was hinter seinen Worten steckt. Wir werden auch uns

selbst behutsamer und treffender auszudrücken verstehen, wenn
wir unsere Gefühle mitteilen wollen, da wir wissen, was genau
diese Gefühle sind. Wir haben keine Angst mehr vor ihnen, noch
verspüren wir das Bedürfnis, sie zu verbergen.

Manchmal können wir aber auch tatsächlich ›Gedanken lesen‹. Obwohl dies ein geläufiger Begriff ist, bleibt dabei doch
manches offen. Entscheidend ist, daß ASW-Einsichten oder
sogenannte ASW-Leistungen nur ohne Druck von außen möglich sind. Oft auch überdeckt eine Wahrnehmung eine andere,
oder es blendet sich ein Sinn in den anderen ein. Deshalb ist zum
Beispiel schon die – allerdings nicht wichtige – Unterscheidung
schwierig, ob es sich um eine hellseherisch oder eine telepathisch
empfangene Information handelt. In jedem Fall handelt es sich
um innere Wahrnehmung.« (58/287 f.)

Und Jane Roberts beschließt das erwähnte Kapitel wie folgt:
»Solche Erfahrungen innerer Wahrnehmung werden uns ja,
wie Sie bereits wissen, nicht nur im Traumzustand, sondern
auch im Zustand herabgesetzten Bewußtseins, in Trance, zuteil.
Doch wer das erlebt, fühlt sich, als ob er bisher sein Leben im
Traum verbracht hätte und nun erst wirklich wach wäre: er wird
sich seiner multidimensionalen Realität bewußt. Wer diese
Erfahrung einmal gemacht hat, vergißt sie nie mehr.

Jeder Mensch wird natürlich seine inneren Sinne auf andere
Art erfahren, denn jedwede – und insbesondere die innere –
Wahrnehmung ist zwangsläufig individuell unterschiedlich.

Dessenungeachtet kann nur innere Erfahrung uns ein zutref-
fendes Bild der Realität unserer Welt und unserer inneren
Wesenheit verschaffen. Solche Einsicht aber setzt auch Fähigkeiten frei, die unserem Alltagsleben zusätzliche Vitalität, Bedeutung und erst wahren Sinn verleihen.« (58/297)

In diesem Alltagsleben wird unser Ich, aber auch unser Selbst
zweifellos beeinflußt, ja geprägt und somit gesteuert von dem,
was wir denken, was wir glauben und fühlen.

Ist der Mensch, wie Joseph Murphy, der engagierte Verfechter praktizierten Christentums durch positives Denken und
»Weltbürger des Geistes«, immer wieder versichert hat, wirklich

das, was er täglich denkt, glaubt und fühlt? Was ist die »psychische Ladung« dessen, was wir denken und fühlen?«

16

Die Macht der Gedanken
und der Gefühle

Das Bewußtsein ist der Herr des Körpers;
es ist die Ursache, nicht die Reaktion,
es ist das, was die Ordnung schafft,
und nicht das, was geordnet wird.

CHU HSI

Unter einer Emotion ist eine Gemütserregung zu verstehen, Emotion ist ein Synonym für Gefühl. Gefühl ist konzentrierte Energie, über die jedes menschliche Wesen verfügt. Jeder Mensch, der sich schon einmal in tiefgehende Gefühlskonflikte verstrickt sah, weiß, wie schwer es ist, sich aus sich daraus ergebenden Problemen verstandesmäßig zu lösen.

Da Gefühle nicht selten unseren Überzeugungen entgegengerichtet sind, erscheinen sie uns oft sinnwidrig oder sogar verwerflich. Erst wenn wir solche Gefühle im Licht entgegengesetzter Überzeugungen beurteilen, können wir sie bewußt annehmen. Das Gefühlsleben gelangt nie zum Stillstand, es ist immer in Bewegung, und ein Gefühl leitet stets zu einem anderen über. Das macht übrigens verständlich, warum die stärksten menschlichen Gefühle wie Liebe und Haß so nahe beieinander liegen.

Ich möchte klar sagen, daß unseren Emotionen eine psychische Ladung innewohnt.

Die Identität einer Persönlichkeit ist die Folge eines komplexen Vorgangs der Bewußtwerdung. Erziehung, soziale Faktoren, gesellschaftliches Milieu konditionieren zweifellos den Menschen und sein Verhalten, doch mehr noch als alles andere seine Geistes- und Gefühlshaltung. Wenn – häufig in der Mitte des Lebens – der Mensch sein Selbstbewußtsein etabliert hat, konfrontiert ihn mitunter das sogenannte »Schicksal« mit Lebenssituationen, die ihn vor ein Dilemma stellen. Es ist dabei insbesondere das Gefühlsleben, das verstandesmäßig auf einmal nicht mehr zu kontrollieren ist. Die psychische Ladung der Gefühle drängt nach Neuem, sei es im Beruf, im Umfeld, im häuslichen, im partnerschaftlichen Bereich. Der Mensch fühlt ein tiefinneres Drängen nach Veränderung, nach Neuem. Er fühlt sich von dem Eindruck überwältigt: Das kann doch nicht alles gewesen sein!

Solche Emotionen kreieren ein Dilemma, da sie eine Unvereinbarkeit der inneren Strebungen offenlegen. Auf der einen Seite streben wir nach Gleichgewicht, Aufrechterhaltung und Sicherung des Erreichten, Bequemlichkeit und Genießen des Status quo; auf der anderen Seite drängen vitale Lebenskräfte nach Verwirklichung.

Oft führen solche Impulse zu ungeahnter Kreativität, zu neuem Schaffensdrang, zu neuer Selbstverwirklichung. Oft führen sie auch zu dem, was gemeinhin als »Katastrophe«, als »Schiffbruch der Vergangenheit« bezeichnet wird. Dessenungeachtet drängt es uns vorwärts. Wir wollen uns angesichts der Herausforderungen bewähren, unser inneres Potential ausschöpfen, verwirklichen, wozu uns die inneren, vitalen Antriebskräfte drängen.

Es scheint, daß der Mensch, das schöpferische Wesen, nie stehenbleiben kann. Stehenbleiben ist Stagnation, die das Bewußtsein nicht zuläßt. Unbewußt oder bewußt verändern wir uns von einem Moment zum anderen, und dies wird meist nur durch eine Reihe kreativer Dilemmas möglich. Gefühle schließen immer Handlungsimpulse in sich, die physisch ausagiert werden sollten – ihre Basis ist die natürliche Aggression.

Diese natürliche Aggression – die psychische Ladung – ist die treibende Kraft hinter aller Kreativität. Nicht nur macht sich in Liebe ein schöpferischer Impuls geltend, sondern auch in schöpferischer Liebe eine natürliche Aggression.

»Natürliche Aggression ist schöpferische Liebe, die nach außen drängt, ist das Mittel, durch das die Liebe sich aktiviert, oder der Treibstoff, mit dessen Hilfe die Liebe in Bewegung gerät. Aggression als solche hat, wie gesagt, mit physischer

Gewalt im üblichen Sinne nichts zu tun, wohl aber mit jener Kraft, durch die die Liebe fortbesteht und sich schöpferisch erneuert.« (57/253 f.)

Dies ist eine auf den ersten Blick ebenso überraschende wie wunderbare Aussage. Wenn wir vor jedem starken Gefühl Angst bekommen und vor der Energie unseres eigenen Innersten davonlaufen, werden wir vielen für unsere Entfaltung notwendigen Erfahrungen davonlaufen. Es sind die von uns gehegten, zu Glaubenssätzen erhärteten Überzeugungen, wie die Dinge zu sein haben, die den schöpferischen Impulsen im Wege stehen. Die Negierung unserer Gefühle kann Depressionen, Neurosen und Schlimmeres zur Folge haben. Es können auch intensivst empfundene Gefühle abgewürgt, weil sie verstandesmäßig als negativ bewertet werden.

Man ist seinen Gefühlen nur dann ausgeliefert, wenn man sie fürchtet. Deshalb sollten wir erkennen, daß sie das bewegende Moment unseres Seins sind. Sie können mit unserem Intellekt sehr wohl Hand in Hand gehen. Leugnen wir unsere Gefühle, so geraten wir in Schwierigkeiten. Jedes Gefühl, das verdrängt wird, verwandelt sich in ein anderes. Die psychische Ladung pflanzt sich fort in Wellen; so aber setzen wir dem freien Fluß, der notwendig ist, Staudämme entgegen. Die natürliche Dynamik des ganzen Organismus wird blockiert. Sich Gefühlen hingeben heißt, eine gefühlsmäßige, geistige und physische Einheit herbeizuführen. Wir kennen dies, wenn wir uns in echter Liebe mit einem Partner vereinigen.

Haben wir vor starken Gefühlen Angst, durchleben wir diese fast körperlich und natürlich auch in Gedanken. Anstatt solche Gefühle zu verdrängen, müssen wir eine Lösung herbeiführen. Unsere Emotionen werfen ein Licht auf das hinter dem Hindernis stehende System unserer Glaubensüberzeugungen, und wir können erkennen, daß wir nur so empfinden und nur so reagieren, weil wir bestimmten etablierten Überzeugungen verhaftet sind.

Die Natur hat uns mit einem ebenso reichen wie auch ziemlich vitalen Gefühlsleben ausgestattet. Dieses soll uns Impulse in

Richtung Wachstum geben. Immer wenn wir uns unzufrieden fühlen, drängt etwas nach Veränderung – eine Handlung wird folgen. Das Bewußtsein zieht großen Nutzen daraus, weil es nicht zuletzt anhand unserer Gefühle seinen gestaltenden Einfluß auf unser Leben und unsere Verhältnisse erkennen wird.

Unser Denken und Fühlen drängen nach Lösungen. Sie stellen Energien dar, die wir aufbauend oder zerstörerisch einsetzen können. So erschaffen wir tatsächlich kraft Geistes Realitäten – die unsere und die unseres Lebens. Der Mensch ist kraft seiner Gedanken, Gefühle und Handlungen ein schöpferisches Wesen. Wenn nun aber Gedanken und Gefühle Energien sind und der Erhaltungssatz der Physik, etwa für die Energie oder die Ladung, allgemeingültig ist, er also einem Grundgesetz, einem Naturgesetz, entspricht, so kann man folgern, daß er auch über das Gebiet der Physik hinaus Geltung haben muß.

Man könnte daher sagen, daß der Erhaltungssatz der Physik auch auf die Energie oder die Ladung unserer Gedanken und Gefühle angewendet werden kann, und so erscheint es mir zulässig, den Schluß zu ziehen: Auch geistig-seelische Energie ist unzerstörbar, kann nie verlorengehen, sondern nur transformiert werden. Unsere geistig-seelischen Schöpfungen, unsere Gedanken und Ideen, unsere Vorstellungen und Empfindungen, ja selbst unsere Wünsche und Träume leben fort. Vielleicht können sie von höherdimensionalen Realitäten aus sogar wahrgenommen werden, etwa wie wir Fernsehprogramme wählen und empfangen können.

Neue und überraschende Ideen können wir Jane Roberts' *Seth-Material* entnehmen:

»Es gibt elektromagnetische Strukturen, genauer gesagt, elektromagnetische Energieeinheiten, die der Überträgerstrom für Emanationen eurer Bewußtseinsinhalte sind ... So können sich wenige, aber auch sehr viele Einheiten miteinander verbinden. Es ist nicht so, daß sie sich durch den Raum bewegen, vielmehr benutzen sie den Raum, um sich zu bewegen. Das ist ein Unterschied. Diese elektromagnetischen Einheiten ziehen aufgrund ihrer Ladung andere Einheiten an sich heran. Sie haben keinen feststehenden ›Ort‹ im Körper wie etwa Zellen. Übrigens haben auch die Körperzellen nur scheinbar einen festen Platz. Diese Energieeinheiten haben aber gar kein ›Zuhause‹. Sie werden von Bewußtseinsinhalten, inbesondere von Gefühlsintensitäten, aufgebaut. Sie folgen den Gesetzen von Anziehung und Abstoßung. Gleichsam magnetisch ziehen diese elektromagnetischen Energieeinheiten daher ihre eigene Art an, wodurch Muster zustande kommen, die euch dann einen Wahrnehmungsgehalt vermitteln oder sogar materielle Verwirklichungen in Gang setzen.« (58/325)

Ich finde diese Botschaft inneren Wissens in ihrer präzisen Aussage verblüffend einfach. Sie erklärt auf simple Weise, wie die Macht menschlichen Denkens und Fühlens wirksam ist und wie zum Beispiel Gebete »erhört« werden. Ziehen wir nämlich »Bewußtseinsinhalte« gleicher Ladung – gleich ob aus dieser materiellen oder einer anderen, höherdimensionalen Welt – an, so könnte dies erklären, wie höheres Wissen uns zuteil wird, wenn wir dieses benötigen.

Dieselbe Regel gilt ja im allgemeinen auch für unser tägliches Leben: »Gleiches zieht Gleiches an.« Und dasselbe besagt auch ein altes Sprichwort: »Zeige mir deine Freunde, und ich sage dir, wer du bist.« Wir alle machen die Erfahrung: Freundschaften schließen wir nur mit Menschen, die uns seelisch-geistig nahestehen, die ähnliche Ansichten, Zielvorstellungen und Wertmaßstäbe haben.

Ebenso aufschlußreich wie provozierend ist die weitere Erklärung:

»Es ist nicht so, daß ihr die zur Feststellung dieser Energieeinheiten notwendigen Meßinstrumente nicht erfinden könntet; eure Wissenschaftler stellen sich einfach die Frage nicht. Diese Einheiten sind unmittelbare Energieausstrahlungen, die dem Bewußtsein entstammen. Dabei spreche ich von Bewußtsein im weitesten Sinn, vom molekularen Bewußtsein, vom zellularen Bewußtsein ebenso wie von jenem, mit dem ihr vertraut seid.

Diese Emanationen sind so natürlich wie der Atem. Es ist ein Kommen und Gehen und ebenso eine Transformation innerhalb der Einheiten. Was ihr in die Lungen einatmet, ist nicht dasselbe wie das, was ihr ausatmet... Diese Analogie reicht gerade aus, um euch eine Vorstellung zu geben. Mit dem Atem haben sie auch den pulsierenden Vorgang gemein. Sie werden ebenso wie von euren Körperzellen auch von den Zellen der Pflanzen, Tiere, ja sogar von Gesteinen emaniert. Wäret ihr in der Lage, sie wahrzunehmen, würdet ihr sie farbig sehen.

Im Hinblick auf eure Vorstellungen nenne ich sie ›elektromagnetisch‹; sie sind durch positive und negative Ladung sowie durch magnetische Anziehungskraft gekennzeichnet. In dieser Hinsicht läßt sich sagen: Ähnliches zieht Ähnliches an. Die Einheiten wirken unterhalb des Feldes elektromagnetischer Schwingungen oder Wellen, so jedenfalls würden sich eure Wissenschaftler ausdrücken. Diese Emanationen bringt das Bewußtsein hervor, und sie sind, wie gesagt, die Grundlage jeder Wahrnehmung, sowohl der sinnlichen als auch der außersinnlichen.

Diese Emanationen sind auch in Geräusche übersetzbar, und ihr werdet dazu in der Lage sein, bevor noch eure Wissenschaftler ihre ursprüngliche Bedeutung entdecken. Einer der Gründe, warum sie noch nicht entdeckt wurden, ist genau der: weil sie in allen Strukturen so raffiniert getarnt sind. Da sie knapp jenseits des materiell Erkennbaren sind, zwar eine Struktur haben, aber keine materielle, und da sie pulsierender Natur sind, können sie sich ausdehnen oder zusammenziehen. Sie könnten zum Beispiel eine kleine Zelle vollständig umschließen, sich aber auch in den Zellkern hinein zurückziehen. Sie verbinden somit die Eigenschaften einer Einheit ebenso wie die eines Feldes.

Es gibt aber noch einen anderen Grund dafür, warum sie für Wissenschaftler ein Geheimnis bleiben. Die Intensität des Gefühls bestimmt nicht nur ihre Aktivität und Größe, sondern auch die Kraft ihrer magnetischen Anziehung. Sie werden zum Beispiel andere Energieeinheiten anziehen, je nach der Intensität des von einem Bewußtsein mobilisierten Gefühls. Es ist daher auch klar, daß diese Energieeinheiten sich ständig ändern. Wenn wir behelfsweise von ›Größe‹ sprechen müssen, so heißt das: sie ändern ständig ihre Größe insofern, als sie sich ausdehnen und

zusammenziehen. Theoretisch gesehen ist dem Ausmaß ihrer
Zusammenziehung oder ihrer Ausdehnung keine Grenze gesetzt. Die Tatsache, daß sie Wärme abgeben, könnte euren
Wissenschaftlern den Hinweis liefern, daß es sie überhaupt
gibt.« (58/325 f.)

Es wird sicher Wissenschaftler geben, die diese Kundgaben
inneren Wissens nicht nur überraschend, sondern vielleicht auch
abenteuerlich finden werden. Nichtsdestoweniger sind sie wünschenswerten Erwägungen aufgeschlossener Wissenschaftler
wert: Wenn Bewußtsein, also Geist, möglicherweise jedem
Atom genauso zu eigen ist wie dem Menschen (der ja biologisch
aus Atomen und Molekülen besteht), so läßt uns dies an die
Materiewellentheorie des französischen Physikers Louis-Victor
de Broglie denken, der 1929 den Nobelpreis für Physik erhielt.
Dieser Wissenschaftler, der die Welleneigenschaften (das Wir-
kungsquantum) atomarer Teilchen beschrieb, erklärte die Photonen (Energiequanten des Lichts) als Träger des Lichts, die
Elektronen als Träger der Materie.

Auch zwei deutsche Forscher, der Biophysiker Fritz A. Popp
und der Biologe Walter Nagl, vom Biologischen Institut der
Universität Kaiserslautern beschäftigten sich mit dem Thema der
Zellinformation auf der Basis von Lichtquanten. Gemeinsam
haben sie nachgewiesen (33), daß lebende Zellen kohärente
Lichtstrahlen, wie Laserstrahlen gebündelt, aussenden – eine
»ultraschwache« Photonenemission, also eine Lichtquanten-
emission, die so gering ist, daß sie normalerweise unsichtbar
bleibt und sich deshalb lange der wissenschaftlichen Beachtung
entzog. Ursprung dieser Strahlung ist der Zellkern, das heißt der
Ort der Photonenemission ist die DNA-Information; sie fun-
giert sowohl als Lichtsender wie auch als Lichtspeicher. (DNA
bedeutet Desoxyribonukleinsäure.)

Die Wissenschaftler sehen in diesem biologischen Lichtge-
schehen eine ideale Grundlage für ein zelleigenes Informationssystem. Es ermöglicht sozusagen die »drahtlose« Kommunika-
tion über Lichtquanten. Könnten, wie es die Wissenschaft
postuliert, diese von dem DNA-Molekül des Zellkerns emittier-

ten Lichtquanten nicht etwa den im *Seth-Material* erörterten »Energieeinheiten« entsprechen und vielleicht sogar eine Art »Bewußtseinsträger« darstellen? Könnte das nicht, zumal noch das aus religiöser Urquelle stammende Bibelwort »Es werde Licht!« zu bedenken ist, eine Verbindung von Bewußtsein und Materie herstellen? Und könnte es dann nicht auch tatsächlich so sein, daß Geist beziehungsweise Bewußtsein jedem Atom und damit jeder Zelle, jedem Menschen, jedem Tier, jeder Pflanze, selbst jedem Mineral innewohnt?

17

Das kreative Prinzip und das schöpferische Universum

In seiner Einheit heißt es das Geheimnis.
Des Geheimnisses noch tieferes Geheimnis
ist das Tor, durch das alle Wunder hervortreten.

LAOTSE

Alle großen Denker und Philosophen der Menschheitsgeschichte strebten nach Erkenntnis. Sie forschten nach dem Urgrund des Seins und suchten Antworten auf letzte Fragen der menschlichen Existenz. Für den Menschen von heute ist und bleibt erstaunlich, ja beinahe unfaßbar, was schon in der Antike die großen Geister der altgriechischen Philosophie über das Geistig-Seelische auszusagen wußten.

Der altionische Naturphilosoph Thales von Milet (um 600 v. Chr.), einer der »sieben Weisen«, lehrte die »Allbelebtheit der Natur« und führte alle Bewegung auf Bewirkungen einer »Seele« zurück. Für Alkmaion aus Kroton (um 500 v. Chr.), Arzt, Philosoph und Schüler des Pythagoras, war die Seele bereits eine Art kreatives Prinzip: sie bewege sich selbst, sie sei in »nie endender Bewegung« und »unsterblich«. Heraklit aus Ephesos (um 550–483 v. Chr.) sah in der Seele den Urgrund »ewigen Werdens«. »Unbegrenzt« und »unsterblich« sei sie mit dem Logos (der für ihn Wort, Gedanke, Sinn und Gesetz war) als dem »allem Gemeinsamen« und dem »einen göttlichen Gesetz« gleichzusetzen und kehre nach dem Tod zu ihrem Ursprung zurück. Demokrit von Abdera (um 460–370 v. Chr.), Philosoph, Mathematiker und Naturforscher, beschrieb als erster den Menschen als einen umfassenden Mikrokosmos, einen »Kosmos im kleinen«. Er führte alles Sein und Werden auf letzte, nicht mehr teilbare Einheiten in steter Bewegung zurück, die er »Atome« nannte. Sie setzen ihm zufolge Seele und Geist und auch den Körper in Bewegung. Er verwies auch schon auf das Täuschende alles sinnlich Erfaßbaren: Sinneserkenntnis vermittle nur »unechte Erkenntnis« der Wirklichkeit.

Es ist kaum anzunehmen, daß all diese wahrhaft erstaunlichen Einsichten nur der Verstandesarbeit dieser Philosophen zu verdanken ist; wahrscheinlich entstammt vieles auch dem, was heute unter »innerem Wissen« zu verstehen ist. Kennzeichnenderweise setzten die meisten altgriechischen Philosophen Geist (*Nous*) und Seele (*Psyche*) einander gleich. »Nous« (oder »Noos«) bedeutet ja auch nicht etwa nur Verstand, sondern auch Gemüt, aber auch Vernunft, kurzum Platons »denkende Seele«.

Von Platon (427–347 v. Chr.) war in diesem Buch schon öfter die Rede. An dieser Stelle sei hier nur noch einmal auf seine Ideenlehre hingewiesen, die ihn als den eigentlichen Begründer der Metaphysik ausweist. Eine Erklärung des Kosmos, so Platon, sei ohne Verständnis, ohne Anschauen des Wesens der Seele mit dem »Auge des Denkens« nicht möglich; die Seele sei die menschliche »Teilhabe am Absoluten und Ewigen« und wisse um die Ideen, die ihrerseits wieder an der sinnlich erfaßbaren Wirklichkeit teilhaben, indem sie dieser gegenwärtig sind und alles Sinnliche erst ermöglichen. Die Ideen kommen dem Menschen nicht von außen zu; er erinnere sich ihrer als etwas, das er in sich hat. Ideenerkenntnis sei daher Wiedererinnerung (Anamnesis). Demgegenüber komme alles sinnlich erworbene Wissen von der Natur nicht über »wohlbegründetes Vermuten« hinaus, und es sei deshalb »alle naturwissenschaftliche Rede Mythos« (Dialog *Timaios*).

Platons Lehren haben die abendländische Philosophie, Psychologie und Metaphysik nachhaltig beeinflußt. Das Gleiche muß natürlich auch von Aristoteles (384–322 v. Chr.), dem Schüler Platons und Lehrer Alexanders des Großen, gesagt werden. Aristoteles galt, nicht zuletzt wegen seines Gottesbeweises und dank Thomas von Aquin, im Mittelalter als Autorität der Philosophie schlechthin. Doch nimmt sich das Schrifttum dieses vielseitigen Gelehrten umfassenden Wissens, der sich von Platon abwandte und diesen in vielem dann doch wieder bestätigte, in

seiner nüchtern-rationalen Argumentation fast so aus, als wäre
es zweitausend Jahre später verfaßt worden. So kennzeichnet er
Gott als das »sich selbst denkende Denken«.

Machen wir einen Sprung in die Neuzeit, so müssen wir
zweifellos den Fortschritt erkennen, aber auch mit den zunehmend rein rationalen Erklärungen aller Wissenschaft fertigwer-
den. Ich beschränke mich, da dieses Buch ja kein Stichwortver-
zeichnis der Geschichte der Philosophie sein soll, auf wenige
Beispiele.

Ein unglaublich vielseitiger Gelehrter, sowohl Philosoph,
Mathematiker und Physiker als auch Jurist, Historiker und
Sprachwissenschaftler, war Gottfried Wilhelm Leibniz (1646–
1716). Dieses Universalgenie zeigte uns in seinem philosophischen Weltbild des Universums nicht nur Gott als den Schöpfer
»der besten aller möglichen Welten«, sondern er entwarf auch
(was weniger bekannt geblieben ist) eine Art Weltmetaphysik
nach dem Vorbild der menschlichen Seele. Die Grundlage bilden
seine Monadenlehre und die Lehre der »prästabilisierten Harmonie«. Die Welt, ja der Kosmos, bestehe aus unendlich vielen
Monaden. Unter Monaden versteht er geistige Krafteinheiten,
»metaphysische Punkte«, die »unstofflich, unzerstörbar und
ewig« sind. Eine jede Monade sei ein abgeschlossenes Ganzes,
ein Mikrokosmos, der die Welt zur Darstellung bringt und das
Universum widerspiegelt. Die Übereinstimmung zwischen kör-
perlich-materiellem und geistig-seelischem Geschehen garantie-
re eben die von Gott vorgegebene prästabilisierte Harmonie. Mit
diesen erstaunlichen Lehren stellte sich Leibniz schon damals –
drei Jahrhunderte vor uns – gegen die mechanisch-naturwissen-
schaftliche Betrachtungsweise der Welt, des Menschen und allen
Geschehens.

In der »kritischen« Erkenntnislehre der später so einflußrei-
chen »Autorität von Königsberg« Immanuel Kant (1724–1804)
ging es dem Philosophen darum, die Grenzen der dem Menschen möglichen Erkenntnis sicherzustellen. Kant beschränkte
diese auf die physische Wirklichkeit, auf die »Erscheinungswelt«. Hinter diese und somit zu dem »Ding an sich« könne man

nicht gelangen. Insofern ist er am Mißverständnis aller Wissenschaft nach ihm mitverantwortlich, die erfaßbare Wirklichkeit, somit auch das Geistig-Psychische, auf das Quantifizier- und Meßbare einzuengen. Kants Philosophieren hat aber später, wie er selbst sagte, eine »kopernikanische Wendung« genommen: Die Erscheinungen der Natur seien apriorisch, vor der Erfahrung, von der Struktur des Bewußtseins abhängig, nicht umgekehrt, und er postulierte ein schöpferisches Ich.

Der markanteste und schöpferischste Vertreter des »deutschen Idealismus« (der für eine dynamische Auffassung des geistigen Lebens eintrat) war Georg Wilhelm Hegel (1770–1831), Philosoph und Theologe. Er stellte das Werden über das Sein und bezeichnete den Zustand der Welt als einen Prozeß ewiger Entwicklung. Von ihm stammt der Ausspruch: »Der Mensch kann die Größe und Macht seines Geistes nicht überschätzen.«

Hegel betrachtete den menschlichen Geist als eine der Manifestationen des Absoluten, das er als »Geist« definiert. Die Entwicklung ist für ihn ein rein logischer Vorgang, den er als Notwendigkeit anerkannt haben will. Hegel perfektionierte die von Sokrates und Platon zur Methode erhobene Dialektik des prozeßhaften Entwickelns der Wirklichkeitserkenntnis in den drei Entwicklungsschritten Thesis, Antithesis und Synthesis. Seine Logik umfaßt die Lehre vom Sein, vom Wesen und vom Begriff und führt zur »absoluten Idee«. Diese Idee entfalte sich dann in der Form in der Natur; diese »Entäußerung« werde aber wieder aufgegeben, indem sich die Natur im Bewußtsein vergeistige. In der Endform sei das »Sichwissen des Menschen in Gott das Selbstbewußtsein Gottes«.

In unserem Jahrhundert postulierte der Philosoph Martin Heidegger (1889–1976), der in Marburg und Freiburg lehrte, daß das »Sein« vom »Seienden« unterschieden werden müsse – er nannte es ontologische Differenz. Den Grundgedanken, daß es »Sein« nur in der »Zeit« gibt, hat schon Platon in seinem Dialog *Timaios* ausgesprochen. In seiner Spätphilosophie des von ihm selbst so benannten »Denkens der Kehre« wandte sich Heideg-

ger entschieden gegen die Wissenschaft, die Seiendes nur in
»vorgestellter Gegenständlichkeit« begreife, und gegen die
Technik, die es nur als »hergestellten Bestand« behandle, und
rief den Menschen im »Geviert des Himmels und der Erde, der
Sterblichen und der Unsterblichen« auf, solche »Seinsvergessen-
heit« zu überwinden.

Pierre Teilhard de Chardin (1881–1955), Philosoph, Theologe
und Naturforscher, versuchte eine Synthese der christlichen
Schöpfungskonzeption mit der Evolutionslehre herzustellen.
Ihm zufolge führt die Entwicklung aus der »Biosphäre« pflanzli-
chen und tierischen Lebens in eine »Noosphäre«, einen Bereich
reinen Denkens, bis zum »Punkt Omega«, dem Zielpunkt aller
Evolution. In ihm sei dann die geistige Einheit aller Menschen im
ewigen Einen hergestellt und das Bewußtsein aller Ich zu einem
Überich entwickelt, unter dem Teilhard de Chardin im christlichen Sinne den mystischen »Leib Christi« verstand.

Die Thesen Teilhard de Chardins wurden weder von der
Wissenschaft noch von der Kirche beifällig aufgenommen.
Tatsächlich entbehrt ja die Verschmelzung der kaum rational
erklärbaren christlichen Schöpfungs- und Heilsgeschichte mit
der anthropologisch verstandenen Lehre der Evolution nicht der
Fragwürdigkeit. Die Frage ist, ob ein solcher Versuch der
Synthese so unterschiedlicher Lehren notwendig erscheint.

Hat nicht die Naturwissenschaft unseres Jahrhunderts, insbesondere die moderne Physik, dargelegt, daß alle Materie unserer
Dingwelt, wie Niels Bohr es wörtlich sagte, letztlich »Geist« ist?
Läuft heute die Erkenntnis selbst der Naturwissenschaft nicht
zunehmend darauf hinaus, daß das menschliche Bewußtsein,
Geist also, nicht als Spätfolge der Evolution des Lebens oder
Epiphänomen der Materie entstanden ist, sondern schon immer
als Matrix, Quelle und Bedingung der physikalischen Realität
vorhanden war?

Der Glaube an die Macht des Geistes über die Materie gewinnt
im Bewußtsein der Menschen von heute immer mehr an Bedeutung. Und auch immer mehr Wissenschaftler erkennen, daß
Wachstum, Progression und Evolution einem bestimmten intel-

ligenten Plan folgen, einem geistigen Prinzip. Die neuesten Erkenntnisse der Atomphysik und der wachsende Respekt der Wissenschaft im allgemeinen vor der außerordentlichen Intelligenz, die der Natur zugrunde liegt, haben zum Umdenken in der Bewertung gerade auch der darwinistischen und neodarwinistischen Theorien der natürlichen Auslese, der Selektion, geführt.

Das Überleben des Stärksten kann nicht mehr als ausreichendes Prinzip der Evolution angesehen werden, das die Schubkraft der Entwicklung zu erklären vermag. Jede Zelle unseres Körpers scheint von einem immanenten Prinzip beseelt zu sein, das ihr »sagt«, wie sie sich differenzieren soll, wie sie einen bestimmten Bauplan ausführen und realisieren soll. Auch vieles andere in der Natur läßt auf intelligente Planung und vorgegebene Zielsetzung schließen. Zahlreiche Anthropologen zweifeln heute daran, daß »zufällige« Mutation und natürliche Auslese ausreichend sind, um die Evolution in ihrer Zielgerichtetheit zu erklären, und stellen daher die Frage, ob nicht andere Prozesse erblich erworbene Eigenschaften vermitteln.

Einer dieser Fragenden ist ein junger Wissenschaftler, Rupert Sheldrake, der englische Biologe, Pflanzenphysiologe und Experte in Biochemie, der in seinem Buch *Das schöpferische Universum* (70) die aufregende und vieldiskutierte Hypothese der »formativen Ursachenbildung« oder »formbildenden Verursachung« darlegt. Seine Theorien ermöglichen ein neues Verständnis der Lehren Carl Gustav Jungs von den Archetypen und dem kollektiven Unbewußten. Sheldrake überprüfte Jungs Theorien auf ihre Übereinstimmung mit neueren theoretischen Forschungen in Biologie und Physik hin und entdeckte erstaunliche Affinitäten.

Sheldrake geht davon aus, daß es »morphogenetische Felder« (also etwa formbildende erblich bedingte Felder) geben müsse, die die Ursache aller materiellen Erscheinungsformen und unumstößliche Faktoren bei der Entstehung von Organisationsmustern sind. Diese »M-Felder«, wie Sheldrake sie kurz nennt, rufen artenspezifische Verhaltensmuster hervor, und dies oft innerhalb nur einer Generation einer Spezies – ein Zeitraum, der viel zu kurz ist, als daß er mit Darwinscher Evolution erklärt werden könnte.

Vergleicht man nun Sheldrakes morphogenetische Felder mit Jungs psychischen Strukturen, seinen Archetypen, erkennt man eine bemerkenswerte Ähnlichkeit. Und die Art und Weise, wie sich bestimmte Merkmale innerhalb einer Gattung ausbreiten, läßt sofort an Jungs Theorie der Synchronizität allen Geschehens denken. Unter Synchronizität ist die kausal unerklärliche Gleichzeitigkeit von psychischen Vorgängen und physischen Geschehnissen zu verstehen.

Im wesentlichen beinhaltet Sheldrakes Hypothese folgendes: Gestalt und Verhalten aller Organismen, aber auch anorganischen Materials, werden über Raum und Zeit hinweg durch die sogenannten morphogenetischen Felder bestimmt; diese Felder seien die Ursache aller materiellen Manifestationen, es seien abstrakte Strukturen, jenseits von Raum und Zeit, die aber über Raum und Zeit hinweg verändert werden können. Auf den Menschen bezogen wäre ein morphogenetisches Feld eine Art Kollektivgedächtnis, das neue Lerninhalte und Fähigkeiten auf die gesamte Gattung übertragen kann. Daraus könne gefolgert werden, daß das menschliche Bewußtsein Lerninhalte, die von Menschen in früheren Zeiten schon einmal integriert wurden, heute leichter erlernen und speichern kann als völlig neue Lerninhalte.

Die Quintessenz von Sheldrakes Hypothese der »formativen Ursachenbildung« ist jedoch die Annahme, daß hinter der uns bekannten und vertrauten Welt der materiellen Erscheinungen und hinter unserem ichbegrenzten Dasein noch eine ursächliche Realität vorhanden sein müsse, eine Realität, die mit Platons Ideenwelt und C. G. Jungs psychischen Strukturen, den Archetypen, korreliert. Diese durch unsere Sinne nicht wahrnehmbare Realität sei überhaupt als für die Welt der Erscheinungen verursachend anzusehen; aus der Perspektive des Ich betrachtet sei sie eine Art »Matrix«, eine »Mustervorlage« oder eine Art Negativ, für die Welt der Materie. Erst die Strukturen dieser

»Schattenwelt« würden die Realität, die wir sinnlich wahrnehmen, ermöglichen und formen.

Ganz im Sinne von C. G. Jungs Erkenntnissen nimmt Rupert Sheldrake an, daß es entgegen der Philosophie des Materialismus nicht nur ein »Ich«, sondern so etwas wie ein »bewußtes Selbst« geben müsse, das sich nicht nur aus der Materie ableiten läßt. Dieses bewußte Selbst habe die Fähigkeit der freien Entscheidung. Alle Menschen seien bewußte Wesen mit ähnlicher Anlage, deren bewußtes Selbst mit dem Körper harmonisch zusammenwirke. Diese Interaktionstheorie des Zusammenwirkens von Geist (bewußtem Selbst) und Körper könnte laut Sheldrake die vage Vermutung aufkommen lassen, daß dieser Mechanismus der Wechselwirkung von Geist und Körper »auf einer Veränderung der Quantenereignisse des zentralen Nervensystems beruht«. (70/196)

Dieser Wissenschaftler nimmt also an, daß es jenseits unserer sinnlichen Wahrnehmung ein den biologischen Abläufen des Körpers übergeordnetes Selbst gibt, eine geistig-seelische Struktur, die den materiellen Formen als »Blaupause«, als Matrix, dient. Diese geistige, intelligente Instanz wiederum befinde sich in Interaktion mit motorischen Feldern, die ihrerseits wieder mit dem Körper verbunden sind. Über diese Felder sei das bewußte Selbst mit der äußeren Umgebung und den Körperzuständen verbunden, sowohl bei Prozessen der Wahrnehmung als auch bei bewußt gesteuerter Aktivität.

Sheldrake zieht dann die provozierende Schlußfolgerung, daß – wenn diesem bewußten Selbst über Materie, Energie, morphogenetische und motorische Felder hinausgehende Eigenschaften zukommen – bewußte Erinnerungen bestimmter vergangener Ereignisse nicht unbedingt im Organ Gehirn gespeichert sein müssen. Es könne durchaus zwei Typen von Langzeitgedächtnis geben: ein durch »morphische Resonanz« bewirktes motorisches oder Gewohnheitsgedächtnis und ein bewußtes Gedächtnis, das dem bewußten Selbst durch direkten Zugang zu seinen eigenen vergangenen Zuständen gewährt wird und das von physiko-chemischen Zuständen unabhängig operiert.

In diesem Zusammenhang stellt Rupert Sheldrake eine für das Thema dieses Buches wichtige Frage: »Wenn man dem bewußten Selbst Eigenschaften zugesteht, die man in keinem physikalischen System findet, so könnten einige dieser Eigenschaften für parapsychologische Phänomene verantwortlich sein, die durch die Theorie energetischer oder formbildender Verursachung unerklärbar bleiben.« (70/196 f.)

Seiner Hypothese zufolge kann das Selbst völlig autonom aus verschiedenen denkbaren motorischen Feldern bewußt auswählen, welchen Handlungsweg es bevorzugt; es könne aber auch selbst als »kreatives Moment wirken«, das dann neue motorische Felder, wie beim Lernen »durch Einsicht«, schafft. In einem frühen Stadium der Entwicklung des Menschen habe sich dieses morphogenetische Feld sprunghaft ausgedehnt, nämlich bei der Entwicklung der Sprache. Die bewußte Kreativität habe ihre höchste Entwicklung im Menschen erreicht, und »während der Entwicklung begrifflichen Denkens hat das bewußte Selbst in einem qualitativen Phasensprung sich selbst als Mittler bewußter Verursachung erkannt«. (70/199)

Dem Einwand, diese bewußte Kreativität könnte dem reinen Zufall – und nicht irgendeiner »nichtphysikalischen kreativen Instanz«, die über individuelle Organismen hinausgeht – zugeschrieben werden, begegnet Sheldrake mit einer logischen Erklärung. Das Zusammenwirken von DNS-Programmierung* und den Fähigkeiten des Organismus, sich den Umweltbedingungen anzupassen, würde, sagt er, bis zu einem gewissen Grad der ontogenetischen Entwicklung (der Entwicklungsgeschichte des einzelnen Lebewesens) Rechnung tragen, aber keinesfalls eine ausreichende Erklärung für die Vielfalt und die Variationen in der phylogenetischen (stammesgeschichtlichen) Entwicklung liefern.

Zahlreiche Forscher haben über das Vorhandensein solcher Felder Spekulationen angestellt; diese konnten aber bis heute wissenschaftlich nicht bewiesen werden. Sheldrake sagt, sie

---

* DNS = Desoxyribonukleinsäure.

seien so »real wie elektromagnetische Felder«. So könnte es sein, daß diese Felder eine Verbindung zwischen Ähnlichem herstellen, ungeachtet räumlicher und zeitlicher Distanz, eine Art, wie Sheldrake es nennt, »Rückkopplungsschleife« zu Formen früherer Organismen derselben Gattung. Die Gattung werde im Zuge der Evolution durch Umwelteinflüsse modifiziert, und diese modifizierte Spezies habe dann wiederum Auswirkungen auf das morphogenetische Feld. Dieses Feld sei daher nicht statisch, rigide und festgelegt, sondern dynamisch, fließend und evolvierend. Die Felder seien nur durch ihre morphogenetischen Auswirkungen auf materielle Systeme aufdeckbar, wie auch Archetypen nur durch ihre formativen (morphogenetischen) Auswirkungen auf psychische Systeme erkennbar seien.

Auch der renommierte amerikanische Physiker David Bohm gehört zu der jüngeren Forschergeneration, die Parallelen zwischen der physikalisch erfaßbaren Welt und der Welt der Psyche erkannt hat. Bohm war als Professor für theoretische Physik an zahlreichen Universitäten tätig, so an den Universitäten Berkley, Princeton, São Paulo und Israel. Seit 1961 ist er Professor am Birbeck College in London. Er genießt aufgrund seiner Bemühungen um eine objektive Interpretation der Quantentheorie heute internationalen Ruf. In seinem Buch *Die implizite Ordnung* (3) berichtet er ebenfalls von einer Entdeckung, die uns zu einer neuen Sicht der Wirklichkeit verhilft.

Die jungsche Psychotherapeutin June Singer, die sich mit Sheldrakes und Bohms Arbeiten eingehend auseinandergesetzt hat, bemerkte treffend, Bohm habe einen »archimedischen Punkt« gefunden, einen »Ort«, von dem aus es möglich sei, »das bekannte Universum und alles, was darin liegt, auf neue Art und Weise wahrzunehmen und zu verstehen«. (71/27) Das Wort »Ort« ist dabei ebenso metaphorisch zu verstehen wie im Zusammenhang mit C. G. Jungs Unbewußtem. Jung, Bohm und Sheldrake haben – jeder auf seine Weise – Neues entdeckt, das die dem Ich zugängliche Welt der greif- und sichtbaren Wirklichkeit transzendiert. Sie stimmen darin überein, daß ein ordnender Prozeß am Werk sein müsse, der uns zwar nicht bewußt ist, dessen Zielgerichtetheit aber nur auf ein steuerndes höheres Bewußtsein, ein kreatives intelligentes Prinzip zurückgeführt werden kann.

In David Bohms *Impliziter Ordnung* werden die Welt und das Leben als »bruchlose Ganzheit des gesamten Daseins, als eine ungeteilte, fließende Bewegung ohne Grenzen« gekennzeichnet. Die Totalität des Daseins ist diesem Physiker zufolge implizit in eine »höherdimensionale Ordnung« eingefaltet, die in der Welt der Erscheinungen dann als »explizite Ordnung« zum Ausdruck kommt. Trotz der Begrenztheit unseres Wahrnehmens und Denkens werden wir vereinzelter Teilaspekte dieser höherdimensionalen Ordnung gewahr, abstrahieren aber diese. Jedes Einzelne schließe aber stets das Ganze ein. »Die Ganzheit durchdringt von Anfang an alles, was zum Gegenstand der Auseinandersetzung wird... und jedes ein System bildende ›Teilchen‹ kann als eine Projektion einer höherdimensionalen Realität verstanden werden.« (3/225, 244)

Unser Ich nimmt mit Hinblick auf unseren Körper einen Organismus wahr, dessen Einzelsysteme harmonisch zusammenarbeiten. Er verfügt über ein Nervensystem, ein Stoffwechselsystem, ein Kreislaufsystem – kurz: wir haben einen funktionierenden Körper. Kein Mensch aber glaubt, ausschließlich dieser Körper zu sein. Wir haben Geist, wir haben eine Seele. Das Ich ist nur ein geringer Teil unserer Gesamtpersönlichkeit, die unsere Psyche miteinschließt. Die meisten Menschen sehen aber alles Geistig-Seelische abgetrennt vom Körper; sie abstrahieren es.

Irgendwie schwebt uns allen zwar Ganzheit als idealer und deshalb anzustrebender Zustand vor. Doch wir sind allzusehr gewohnt, ja dahingehend konditioniert, alles zu reduzieren, zu fragmentieren, zu zerlegen, zu spezialisieren und zu analysieren. Deshalb ist es schließlich nicht erstaunlich, daß wir dem Augenblick und dem täuschenden Augenschein unserer Wahrnehmung erliegen und Teilchen oder Teilaspekte, das Einzelne, erkennen, aber nicht das Ganze, die Gesamtheit. So stellen sich für uns letztlich Gegenstände, die wir wahrnehmen, Erlebnisse, die uns zuteil werden, Ereignisse, die sich nahe »hier bei mir« oder fernab anderswo abspielen, als von uns und der Einheit der Natur und allen Geschehens »isoliertes Einzelnes« dar.

Ein isoliertes Geschehen gibt es aber nicht – weder in der Wirklichkeit unserer Erscheinungswelt noch etwa gar im schöpferischen Universum, das die unserer Dingwelt überhobenen höherdimensionalen Realitäten des Geistes einbegreift. Könnten wir – und das ist vielleicht das Ziel aller Entwicklung menschlichen Bewußtseins – durch die Erfahrungen unseres Da-Seins, die uns als isoliertes Geschehen vorkommen, hindurchsehen, so würden wir erkennen, daß sie Manifestationen der von David Bohm und zahlreichen großen Denkern und Forschern postulierten Totalität sind – genau wie Meereswellen unzweifelhaft zum Meer gehören.

Wie der für uns nicht genau erfaßbare »Strom des Bewußtseins« von unserer Bewußtseinstätigkeit, von Gedanken und Gefühlen, strukturiert wird, die wie Wellen, wie Kräuselungen in einem Fluß entstehen und vergehen, so vergleichbar wird die »implizite multidimensionale Ordnung« getragen von einem universellen Fluß, in dem dann die »expliziten Ausdrucksformen« sichtbar werden. Bohm prägte den Ausdruck »Holomovement« für den Bewegungsrhythmus des Ganzen, dessen Folgen, nicht Ursachen, unsere Wahrnehmungen sind. In diesem universellen Fluß sind Bewußtsein, also Geist, und Materie nicht voneinander getrennte Substanzen, sondern vielmehr verschiedene Aspekte einer einzigen Erscheinungsform der einen allumfassenden impliziten Ordnung.

Trotz dieser ungeteilten Ganzheit in fließender Bewegung haben die in der expliziten Ordnung manifest werdenden verschiedenen Formen (Subtotalitäten), die man von der Totalität abstrahieren kann, eine gewisse relative Autonomie und Stabilität. Dennoch seien, versichert David Bohm, *relativ* autonome und stabile Strukturen, zum Beispiel Atomteilchen, nur als Projektion der höherdimensionalen Ordnung zu verstehen, und nicht als etwas unabhängig und dauernd Existentes. Sie seien vielmehr Produkte, die im Zuge der fließenden Bewegung Form annehmen und die sich zuletzt wieder in dieser Bewegung auflösen.

Ich habe schon gesagt, daß die neuesten Forschungsergebnisse modernster Wissenschaft, insbesondere der Physik, der Gehirnforschung, der Biologie, der Psychologie, der Parapsychologie, geradezu einer Rehabilitierung uralter Religionslehren gleichkommen. David Bohms Werk stellt einen weiteren Beitrag dazu dar. »Gott schuf den Menschen nach seinem Bilde«, heißt es in der *Genesis*. »Ich und der Vater sind eins«, lautet ein Jesuswort, ein anderes: »Ihr alle seid Kinder Gottes.« Es könnten hier zahllose Beispiele aus der christlichen Offenbarung angeführt werden, die, in der Symbolsprache der Bibel, die Geborgenheit des Menschen in Gott, die Einheit des Einzelnen und des Ganzen dartun.

Altindische Philosophie und Religion, wie sie uns in den *Weden* überliefert ist, wie überhaupt fernöstliche Wissens- und Religionsweisheit drehten sich immer schon um die Erkenntnis eines allumfassenden unendlichen Geistes, in dem der Mensch und alles, was ist und lebt, seinen Ursprung habe. Dem *Wischischtadwaita-Wedanta* zufolge, dessen Hauptvertreter der indische Philosoph Ramanudscha (um 1100 n. Chr.) war, sind die untereinander verschiedenen Dinge der Welt dadurch zu einer Einheit verbunden, daß sie insgesamt den »Körper Gottes« bilden; die Welt ist »Prakara«, Ausdruck Gottes.

Vielleicht werden Sie, der oder die Sie mir in diesem Buch bis hierher gefolgt sind, mir jetzt auch nachsehen, daß ich am Anfang dieses Kapitels einige Schlaglichter (mehr kann es ja nicht sein) aus der Urquelle abendländischer Philosophie habe aufleuchten lassen: Ist es nicht höchst erstaunlich und bewundernswert, daß vor zwei- oder zweieinhalb Jahrtausenden griechische Wahrheitssucher in ihrer »Liebe zur Weisheit« – das heißt ja Philosophie – über Begriffe wie Seele und Gott, über das, was vergänglich und täuschend, und das, was unsterblich und ewig ist, aber auch über Bewegung und Werden und kleinste Einheiten, Atome, philosophierten? Sind ihre

Erkenntnisse im Licht zeitgenössischer Wissenschaft nicht von neuer Aktualität – wie auch die Lehren der großen Weltreligionen?

Und natürlich erinnert auch vieles von dem, was in diesem Kapitel zur Sprache kam, an die in den vorangegangenen Kapiteln durch Jane Roberts' Bücher vermittelten Seth-Kundgaben wie auch an die trotz seiner grundsätzlichen Anerkennung durchaus nicht unumstrittenen psychologischen Thesen Carl Gustav Jungs. Nichtsdestoweniger hat er wie wohl kein anderer Wissenschaftler seines Fachs die entscheidenden Grundlagen für die heute in vollem Gang befindliche Bewußtseinsöffnung der Menschheit gelegt. Dabei war er nicht nur ein großer Psychologe, sondern auch ein aufmerksamer Beobachter unserer Zeit und ein besorgter Mahner. Dies ergibt sich vor allem aus den von Aniela Jaffé veröffentlichten *Erinnerungen*.

»Die Seele«, sagt er, »ist sozusagen die eine Hälfte der Welt, die es nämlich nur insofern gibt, als man sich ihrer bewußt wird. Darum ist die Seele nicht nur ein persönliches, sondern ein Weltproblem, und der Psychiater hat es nicht nur mit einem einzelnen Individuum, sondern mit der ganzen Welt zu tun... Heute kann man sehen wie nie zuvor: Die Gefahr, die uns allen droht, kommt nicht von der Natur, sondern vom Menschen, von der Seele des einzelnen und der vielen. Die psychische Alteration des Menschen ist in Gefahr! Alles hängt davon ab, ob unsere Psyche richtig funktioniert oder nicht. Wenn heutzutage gewisse Leute den Kopf verlieren, dann explodiert die Wasserstoffbombe.« (25/138)

Ähnlich besorgt äußert er sich aber auch in seinem *Grundwerk*:

»Wie die Atombombe ein bisher unerreichtes Mittel zur physischen Massenvernichtung ist, so führt die fehlgeleitete Entwicklung der Psyche zur seelischen Massenverwüstung... Die Änderung des Bewußtseins beginnt beim Einzelmenschen und ist eine säkulare Angelegenheit.« (30/II, 64 f.)

Tatsächlich stellen heutzutage viele Wissenschaftler die Frage, ob sich der Mensch an der Schwelle einer biologisch-psychologischen Innovation befinde: zum erstenmal in der Geschichte selbst entscheiden zu können, ob er sich durch die Entfesselung atomarer Energien vernichten oder ob er sich zu einer Gattung weiterentwickeln will, die sich des Potentials höheren Bewußtseins bedient. Das ist sogar noch mehr als bloß eine »säkulare Angelegenheit«. Es geht um Sein oder Nichtsein.

Doch da sind wir – am Ende dieses Kapitels – plötzlich schon wieder »mittendrin«. Sein oder Nichtsein: so kann das »Schicksal« der Menschheit nur in dieser Erscheinungswelt verhaftete rationale Denkart oder Wissenschaft in Frage stellen. Das innere Selbst in uns, das Zugang zu den höherdimensionalen Realitäten des Geistes hat, weiß es besser...

Wer anders davon nicht überzeugt werden kann, möge sich Albert Einsteins Ausspruch zu Herzen gehen lassen: »Das Schönste, das wir erleben können, ist das Geheimnisvolle. Es ist das Grundgefühl, das an der Wiege von wahrer Kunst und Wissenschaft steht. Wer das nicht kennt und sich nicht mehr wundern, nicht mehr staunen kann, der ist sozusagen tot und sein Auge erloschen... Das Wissen um die Existenz des für uns Undurchdringlichen, der Manifestationen tiefster Vernunft und leuchtendster Schönheit, die unserer Vernunft nur in ihren primitivsten Formen zugänglich sind, dies Wissen und Fühlen macht wahre Religiosität aus; in diesem Sinn und nur in diesem gehöre ich zu den tief religiösen Menschen.« (11/9 f.)

Schlußwort

Im zweiten Teil dieses Buches habe ich aufzuzeigen versucht, daß der Mensch mehr ist als sein Körper, mehr ist als sein in der Materiewelt verhaftetes Ich, mehr ist als sein persönliches Selbst.

Der Mensch ist über sein inneres oder höheres Selbst eine in die überraumzeitliche Multidimensionalität des unendlichen Universums eingebettete Wesenheit. Über unser höheres Selbst haben wir Zugang zu höherdimensionalen Realitäten, sind wir Teil des Ganzen dieses allumfassenden, unendlichen schöpferischen Geistes, den wir auch kosmisches Bewußtsein oder – wohl schöner noch und in ehrfürchtigem Staunen angesichts der ganzen sinnvollen Ordnung – Gott nennen können. In der Geborgenheit in einem solchen sinnvollen Universum bekommt unser Leben – das Leben eines jeden einzelnen Menschen in seiner einzigartigen Individualität – erst Sinn. Die Erkenntnis der uns von dieser sinnvollen Ordnung eingeräumten schöpferischen Freiheit unseres Bewußtseins (unseres Denkens, Glaubens und Fühlens) ermöglicht uns, unser Leben sinnvoll zu gestalten.

Was ich vorstehend in Form affirmativer Behauptungen zusammenzufassen versucht habe, entstammt nur zum geringsten Teil eigener Erkenntnis oder eigener innerer Erfahrung. Der Inhalt kommt allerdings meinem »inneren Wissen« – rationale Skeptiker könnten zu Recht sagen dem, was ich glaube – entgegen.

Doch einerseits steht der Glaube, eine Überzeugtheit also, auch der biblische »Glaube, der Berge versetzt«, im Licht der Erkenntnisse moderner Psychologie ja keineswegs mehr bloß im Gegensatz zum Wissen. »Gewißheiten«, die wir in uns tragen und die sich uns bisweilen als inneres Wissen offenbaren, sind keineswegs nur willkürliche Annahmen, ganz sicher jedenfalls nicht die Gewißheiten, die durch die Jahrtausende von

Menschen aller Kulturen bezeugt worden sind. Andererseits
käme ich mir vermessen vor, mich bloß auf eigene und anderer
Menschen Gewißheiten zu verlassen.

Deshalb habe ich das Thema dieses Buches von den verschie-
densten Blickwinkeln her darzulegen versucht: aus wissenschaftlichen, religiösen und esoterischen Quellen. Wie immer
das hier zusammengetragene Material in Einzelheiten anfechtbar
sein mag – es ist auf jeden Fall unvollständig, und das Thema
könnte auch auf zehntausend Seiten nicht erschöpfend behandelt
werden –, so dient, hoffe ich, dieses Buch doch dem im Vorwort
erklärten Zweck, mir lebenswichtig erscheinende Erkenntnisse
aus den vorgenannten Quellen all den Menschen zu bieten, die
unter dem Druck ihrer Alltagstätigkeit keine Zeit finden, sich
mit der Fülle an Literatur aus so verschiedenen Wissensgebieten
auseinanderzusetzen.

Ich überschätze den zu vermutenden Umstand, daß man nach
der Lektüre eines Buches, auch wenn nur einiges neu ist oder
zurückbleibt, mehr weiß als vorher, bestimmt nicht. Meiner
Ansicht nach aber sollte ein gutes Buch nicht nur Wissen
vermitteln, indem es etwas beschreibt, sondern es sollte etwas
bewirken. Solche Bewirkung haben in meinem Fall wohl ein
Dutzend der in diesem Buch besonders herausgestellten Werke
zustandegebracht, vor allen anderen die der »Seth-Literatur«.
Diese hat, wie schon aus dem ersten Teil des vorliegenden
Buches hervorgeht, mein Leben verändert, nämlich bewirkt,
daß ich die Erkenntnisse neuester Wissenschaft sowie auch die
Lehren althergebrachter Religionsweisheit in einem neuen Licht
zu sehen begann.

Darum glaube ich aufgrund der von mir selbst durchlebten
Erfahrungen, daß die subjektive Erkenntnis einer höheren sinnvollen Ordnung unserem eigenen Leben nicht nur die Gewißheit
seines Sinns gibt, sondern darüber hinaus von konkretem prakti-
schem Nutzen im Alltag für uns ist. In diesem Alltag leben wir –
Sie, ich, alle Menschen. In diesem Alltag erleben wir Freude,
erleben wir Enttäuschungen, machen wir Leiderfahrungen
durch. In diesem Alltag sind wir gefährdet – wenn wir nicht

einen Lebenssinn und unsere Geborgenheit in der sinnvollen Ordnung des Universums erkennen.

Das ist wohl auch der Grund, warum heute mehr Menschen denn je zum Aufbruch zu einem neuen Bewußtsein innerlich bereit sind. Wir leben ohne Zweifel in einer Wendezeit der Menschheitsgeschichte. Auf der Passivseite unserer Zeit steht die Bedrohung unserer Welt durch die fortschreitende Umweltzerstörung und die letztlich mögliche Vernichtung infolge eines Atomkrieges; auf der Aktivseite unserer Zeit aber zeichnet sich deutlich ab, daß immer mehr Menschen sich diesem »neuen Bewußtsein«, zu dem sie aus wissenschaftlichen, religiösen und esoterischen Quellen ermutigt und ermächtigt werden, eröffnen.

Man muß dieses »neue Bewußtsein« nicht unbedingt unter dem Modeschlagwort »New Age« verstehen wollen. Doch alles, was sich unter diesem Schlagwort an Strömungen, Bestrebungen und Entwicklungen in unserer Zeit tut und abspielt, ist zweifellos – nach vielen »Zeichen und Wundern, die es gibt« – symptomatisch für die Wendezeit, in der wir leben. Deshalb habe ich auch zu sagen gewagt, daß die Zukunft nicht orthodoxen Bewahrern, sondern »aufgeschlossenen Geistern« gehört.

Solche Aufgeschlossenheit ist nicht geringzuschätzen. Sie bedeutet ja nicht nur die Einsicht, in einem sinnvollen Universum ein sinnvolles Leben gestalten und führen zu können; sie allein garantiert auch das, was die Welt so nötig hat: Toleranz und Liebe. Nichts anderes stellt diese Lebensqualitäten so sicher wie das Bewußtsein der Verbundenheit, ja der Einheit des Teils mit dem Ganzen, der Wesenheit des einzelnen Menschen mit dem göttlichen kosmischen Bewußtsein.

Für den Menschen, der in diesem Bewußtsein der Eingebundenheit in die sinnvolle Ordnung des unendlichen Universums und der Geborgenheit seiner unsterblichen Seele in Gott lebt, kann der höhere Sinn seines Lebens mit dem körperlichen Tod nicht verlorengehen. Er trägt die Gewißheit in sich, daß seine Wesenheit in den höherdimensionalen Realitäten des Geistes weiterlebt.

Ein um Objektivität bemühter Beobachter kommt nicht umhin festzustellen, daß der »Strom neuen Bewußtseins« nur in geringem Maß von unseren etablierten christlichen Kirchen ausging. Anfänglich waren es eher als »alternativ« bezeichnete Außenseitergruppen, die sich mit neuen Bewußtwerdungsmethoden wie Meditation, Yoga, Mental-, Psycho- und ASW-Training und dergleichen mehr beschäftigten. Doch dieses Bild hat sich binnen weniger Jahrzehnte geändert. Immer mehr Menschen haben die Erfahrung gemacht, daß sie auf solchen Wegen der Selbstfindung einen neuen Lebenssinn und in vielen Fällen auch wieder zurück zur Religion und zu einer neuen Gotteserkenntnis gefunden haben. Die Untermauerung ihrer Erfahrungen wurde ihnen maßgebend zuteil aufgrund der Ergebnisse von Forschungen der Generation junger Wissenschaftler, die eine mögliche Synthese zwischen Geistes- und Naturwissenschaften aufzeigten, deren Schlüssel der Erkenntnis das Bewußtsein ist.

Ein Hauch dieses neuen Bewußtseins hat aber inzwischen auch unsere christlichen Kirchen erreicht, zumindest auf der Ebene der praktischen »Seelsorge«. In den Sonntagspredigten derer, die ihr »Hirtenamt« hauptsächlich als Aufgabe christlichen Bewirkens verstehen, ist kaum noch die Rede von »Dogmen, die die Kirche zu glauben vorstellt«. Der Nachdruck liegt heutzutage glücklicherweise auf dem Bestreben der eigentlichen Hinführung des Menschen zu Gott und der Ermutigung und Beratung der in der Religion Hilfe Suchenden.

Mehr denn je findet auch ein Rückbesinnung auf die Urquelle christlicher Offenbarung statt, auf die Wahrheiten der *Bibel*. Im »Buch der Bücher« sind, nebenbei bemerkt, auch Erkenntnisse modernster Wissenschaft vorweggenommen, zum Beispiel etwa die Hinfälligkeit unserer inzwischen ja wissenschaftlich widerlegten Vorstellungen von Raum und Zeit und Kausalität (Jesaja 65, 24; Markus 11, 24).

Man kann dem Doktor der Theologie und vergleichender Religionswissenschaften Joseph Murphy nur beipflichten, wenn er die *Bibel* kennzeichnet »nicht nur als das größte Weisheitsbuch der Menschheit, in dem uns universell gültige Wahrheiten offenbart werden, sondern auch als das unüberbietbare, vollkommene Lehrbuch der Psychologie, das uns in kürzester und literarisch schönster Form eine Fülle spirituellen, esoterischen und psychologischen Wissens vermittelt«. (48/187)

Die Weisheitslehren altindischer Philosophie und Religion haben vielleicht deutlicher herausgestellt, daß unter dem Begriff Gottes das allumfassende, unendliche kosmische Bewußtsein verstanden werden sollte. Christliche Lehre bedeutet uns, daß Gott, der »Vater«, Geist ist und daß uns, den »Kindern«, »Geist von seinem Geiste« innewohnt. In diesem Bild des Vaters und seiner Kinder allein schon wird deutlich, was das Tragende und Wunderbare christlicher Lehre ist: es ist die Liebe.

Dieses Bild und die ihm zugrunde liegende Idee der Verbindung, die Liebe, ermächtigt und verpflichtet uns, in jedem Mitmenschen das Göttliche – »Geist von seinem Geiste« – zu sehen. Aus dieser Sicht des Menschen kann es keine Vorurteile hinsichtlich Rasse, Religion, Nationalität, Geschlecht und gesellschaftlicher Stellung mehr geben. »Wandelt in der Liebe.« (Epheser 5, 2) »Die Liebe tut dem Nächsten nichts Böses. So ist nun die Liebe des Gesetzes Erfüllung.« (Römer 13, 10)

Deutlicher, schöner und wirksamer als in der zeitlosen Botschaft des *Neuen Testaments* ist meines Wissens aus keiner anderen Quelle der Weisheit Erleuchteter der Aufruf an uns Menschen ergangen, in »Erfüllung des Gesetzes« in unserem irdischen Dasein der Liebe, menschlichem Mitgefühl und offenherziger Toleranz zu leben, die keine Vorurteile kennt. Das Wunder unserer Psyche verhilft uns dazu, beides zu entdecken: das »Gesetz« der Unsterblichkeit des Geistes und die Liebe.

Literatur- und Quellenverzeichnis

1. ALT, FRANZ (ausgewählt von): Von Sinn und Wahn-Sinn, Einsichten und Weisheiten. Walter, Olten 1986.
2. Bhagavadgita–Der Gesang des Erhabenen. Bauer, Freiburg i. Br. 1954.
3. BOHM, DAVID: Die implizite Ordnung – Grundlagen eines dynamischen Holismus. Dianus Trikont, München 1985.
4. BRO, HARMON H.: Traumdeutungen in Trance des größten Propheten der Gegenwart Edgar Cayce. Ariston, Genf 1974.
5. BURBANK, LUTHER: Die Zucht der Menschenpflanze. O. R. Reisland, Leipzig 1926.
6. CAPRA, FRITJOF: Der kosmische Reigen. Barth/Scherz, München 1982.
7. CASTANEDA, CARLOS: Die Lehren des Don Juan – Ein Yaqui-Weg des Wissens. März-Verlag, Berlin 1972.
8. DAVIS, ROY EUGENE: This is Reality. CSA press, Lakemont/Georgia 1962.
9. DÜRR, HANS-PETER (Herausgeber): Physik und Transzendenz – Die großen Physiker unseres Jahrhunderts, über ihre Begegnung mit dem Wunderbaren. Scherz, Bern/München/Wien 1986.
10. ECCLES, JOHN C., und ZEIER, HANS: Gehirn und Geist. Fischer, Frankfurt/M. 1984.
11. EINSTEIN, ALBERT: Mein Weltbild. Ullstein, Berlin 1984.
12. ENDRES, HANS: Das Beste aus dem Leben machen. WBV, Schorndorf 1983.
13. FARADAY, ANN: Deine Träume, Schlüssel der Selbsterkenntnis. Fischer, Frankfurt/M. 1980.
14. FROMM, ERICH: Psychoanalyse und Religion. Diana, Zürich 1966.
15. FERGUSON, MARILYN: Die sanfte Verschwörung. Sphinx, Basel 1982.
16. –: Geist und Evolution, Walter, Olten 1981.

17. FORD, ARTHUR: Bericht vom Leben nach dem Tode. Scherz, Bern/München/Wien 1972.
18. FREUD, SIGMUND: Die Traumdeutung. S. Fischer, Frankfurt/M. 1972.
19. GARFIELD, PATRICIA: Kreativ träumen. Ansata, Interlaken 1980.
20. GOLDBERG, PHILIP: Die Kraft der Intuition. Barth/Scherz, München 1985.
21. HAICH, ELISABETH: Die Einweihung. Drei-Eichen, München 1972.
22. HEHLMANN, WILHELM: Wörterbuch der Psychologie. Kröner, Stuttgart 1968.
23. HEISENBERG, WERNER KARL: Der Teil und das Ganze – Gespräche im Umkreis der Atomphysik. Piper, München 1973.
24. –: Physik und Philosophie. Ullstein, Berlin 1973.
25. JAFFÉ, ANIELA: Erinnerungen, Träume, Gedanken von C. G. Jung. Walter, Olten 1971.
26. JAMES, WILLIAM: Die Vielfalt religiöser Erfahrung. Walter, Olten 1979.
27. JUNG, CARL GUSTAV: Gesammelte Werke (19 Bände). Walter, Olten 1971.
28. –: Briefe (3 Bände). Walter, Olten 1972/73.
29. JUNG, CARL GUSTAV u. a.: Der Mensch und seine Symbole. Walter, Olten 1968.
30. Grundwerk C. G. Jung (9 Bände). Hrsg. Helmut Barz, Ursula Baumgartner, Rudolf Blomeyer, Hans Dieckmann, Theodor Seifert. Walter, Olten 1984/85.
31. KANT, IMMANUEL: Kritik der reinen Vernunft. Hrsg. Dr. Vaihinger, Stuttgart 1881.
32. KLAUS, GEORG, und BUHR, MANFRED: Philosophisches Wörterbuch. Band I und II. VEB Bibliographisches Institut, Leipzig 1974.
33. KLINGHOLZ, RAINER: Bio-Photonen. Bild der Wissenschaft, Heft 12/1983.
34. KÜBLER-ROSS, ELISABETH: Über den Tod und das Leben danach. Silberschnur, Melsbach 1984.

35. LAOTSE: Tao-te-king. Das Buch vom Sinn und Leben. Übersetzt und mit einem Kommentar von Richard Wilhelm. Diederichs, Köln 1984.
36. LIONEL, FRÉDÉRIC: Aufbruch zu neuem Bewußtsein – An der Schwelle des dritten Jahrtausends. Ariston, Genf 1985.
37. LONG, MAX F.: Kahuna-Magie. Bauer, Freiburg i. Br. 1982.
38. LORENZ, KONRAD: Noch kann man hoffen. Piper, München 1986.
39. –: Der Abbau des Menschlichen. Piper, München 1986.
40. –: Über tierisches und menschliches Verhalten. Band I und II. Piper, München 1965.
41. –: Heisenberg im Urteil seiner Schüler. Bild der Wissenschaft, Heft 3/1985.
42. MACLEAN, PAUL D.: A tribune Concept of Brain and Behaviour. University of Toronto Press, 1973.
43. MASLOW, ABRAHAM H.: Psychologie des Seins – Ein Entwurf. Fischer, Frankfurt/M. 1985.
44. MONROE, ROBERT A.: Der Mann mit den zwei Leben, Ansata, Interlaken 1981.
45. MOODY, RAYMOND: Leben nach dem Tod. Rowohlt, Reinbek 1977.
46. MURPHY, JOSEPH: Die Macht Ihres Unterbewußtseins – Das große Buch innerer und äußerer Entfaltung. Ariston, Genf 1979.
47. –: Die unendliche Quelle Ihrer Kraft – Ein Schlüsselbuch positiven Denkens. Ariston, Genf 1981.
48. –: Dr. Joseph Murphys Vermächtnis – Das Leben bejahen. Ariston, Genf 1985.
49. PATANJALI: Die Wurzeln des Yoga – Yoga Sutren. Scherz, Bern/München/Wien 1976.
50. PENFIELD, WILDER: The Mystery of the Mind. Princeton University Press, New Jersey 1975.
51. PIETSCHMANN, HERBERT: Das Ende des naturwissenschaftlichen Zeitalters. Ullstein, Berlin 1985.
52. PLATON: Sämtliche Werke. Lambert Schneider, Heidelberg 1983.

53. Pribram, Karl H.: Language of the Brain. Prentice Hall, Englewood Cliffs 1971.
54. Robert, Marthe: Die Revolution der Psychoanalyse – Leben und Werk von Sigmund Freud. Fischer 1967.
55. Roberts, Jane: Gespräche mit Seth – Von der ewigen Gültigkeit der Seele. Ariston, Genf 1979.
56. –: Die Natur der Psyche – Ihr menschlicher Ausdruck in Kreativität, Liebe, Sexualität. Ariston, Genf 1981.
57. –: Die Natur der persönlichen Realität – Ein neues Bewußtsein als Quelle der Kreativität. Ariston, Genf 1985.
58. –: Das Seth-Material – Ein Standardwerk esoterischen Wissens. Ariston, Genf 1986.
59. Rohen, Johannes W.: Funktionelle Histologie. F. K. Schattauer, Stuttgart 1982.
60. Rosenzweig, Mark R., und Edward, L. Bennet: Brain Changes in Response to Experience. Scientific American, Band 226, Nr. 2/1972.
61. Runes, D. Dagobert: Illustrierte Geschichte der Philosophie. Pawlak, Herrsching (Nagel, Genf 1962).
62. Russel, Peter: Der menschliche Computer. Heyne, München 1979.
63. Rýzl, Milan: Parapsychologie – Tatsachen und Ausblicke. Ariston, Genf 1970.
64. –: ASW-Training – Methoden zur Aktivierung des sechsten Sinnes. Ariston, Genf 1975.
65. –: Der Tod und was danach kommt. Ariston, Genf 1983.
66. –: Nutzen Sie Ihre phänomenale Geisteskraft. Ariston, Genf 1986.
67. Sagan, Carl:... und werdet sein wie Götter – Das Wunder der menschlichen Intelligenz. Knaur, München 1978.
68. Saint-Exupéry, Antoine de: Der kleine Prinz. Karl Rauch, Düsseldorf 1956.
69. Schmidt, Robert F., und Thews, Gerhard: Physiologie des Menschen. Springer, Berlin/Heidelberg 1983.
70. Sheldrake, Rupert: Das schöpferische Universum – Die Theorie des morphogenetischen Feldes. Goldmann, München 1984.

71. SINGER, JUNE: Das kreative Prinzip – Die Arbeiten von David Bohm und Rupert Sheldrake im Vergleich. Neue Zeitung, Frühjahr 1986.
72. SORGE, J. MARTIN: Reinkarnation aus neuer Sicht – Reisen in zeit- und raumlose Landschaften der Seele. Ariston, Genf 1987.
73. STEARN, JESS: Der schlafende Prophet – Prophezeiungen in Trance 1911 bis 1998. Ariston, Genf 1977.
74. STONE, IRVING: Sigmund Freud – Der Seele dunkle Pfade. Band I und II. Droemersche Verlagsanstalt, München 1971.
75. TANIGUCHI, MASAHARU: Die geistige Heilkraft in uns. Bauer, Freiburg i. Br. 1985.
76. TEILHARD DE CHARDIN, PIERRE: Die Entstehung des Menschen. dtv, München 1982.
77. TEPPERWEIN, KURT: Die hohe Schule der Hypnose – Fremdhypnose, Selbsthypnose. Ariston, Genf 1979.
78. –: Kraftquelle Mentaltraining – Eine umfassende Methode, das Leben selbst zu gestalten. Ariston, Genf 1986.
79. Tibetanisches Totenbuch. Hrsg. W. Y. Evans-Wentz. Rascher, Zürich 1935.
80. TIETZE, HENRY G.: Imagination und Symboldeutung – Wie innere Bilder heilen und vorbeugen helfen. Ariston, Genf 1983.
81. WALDEN, PETER. Die hohe Schule der Traumdeutung – Männerträume, Frauenträume und was sie bedeuten. Ariston, Genf 1983.
82. WHITE, EAGLE: Die Stille des Herzens. Aquamarin-Verlag, Forstinning 1984.
83. WINDSOR, JOAN: Das innere Auge – Kreativ träumen und unbewußtes Wissen nutzen. Ariston, Genf 1987.
84. YOGANANDA, PARAMAHANSA: Autobiographie eines Yogi. Barth, München 1950.
85. –: Men's eternal Quest. Los Angeles 1982. Self Realization Fellowship, 1982.
86. ZSCHOCK, LOUIS VON: Zu neuen Seinsdimensionen – Wir sind frei, verantwortlich, Teil der Schöpfung. Ariston, Genf 1986.

Namen- und Sachregister